NÓS

BUZZ

Publisher ANDERSON CAVALCANTE
Editora SIMONE PAULINO
Projeto gráfico BLOCO GRÁFICO
Assistentes de design LAIS IKOMA, STEPHANIE Y. SHU
Preparação BRUNA A. PARONI
Revisão LUISA TIEPPO

Edição publicada de acordo com a Piergiorgio Nicolazzini Literary Agency (PNLA)

Foto da autora: © Thereza Eugênia

Dados Internacionais de Catalogação na Publicação (CIP) de acordo com ISBD

Scego, Igiaba
Caminhando contra o vento: Igiaba Scego
Título original: *Caminnando controvento*
Tradução: Francesca Cricelli
São Paulo: Editora Nós / Buzz Editora, 2018.
128 pp.

ISBN 978-85-93156-64-9

1. Literatura italiana. I. Cricelli, Francesca. II. Título.

929 / CDD-920

Índices para catálogo sistemático:
1. Ensaio biográfico 920
2. Ensaio biográfico 929

Buzz Editora Ltda.
Av. Paulista, 726 – mezanino
CEP: 01310-100 São Paulo, SP
[55 11] 4171 2317
[55 11] 4171 2318
contato@buzzeditora.com.br
www.buzzeditora.com.br

Editora NÓS
Rua Francisco Leitão, 258 – sl. 18
Pinheiros, São Paulo SP | CEP 05414-020
[55 11] 3567 3730 | www.editoranos.com.br

CAMINHANDO CONTRA O VENTO

IGIABA SCEGO

Tradução FRANCESCA CRICELLI

CAMINHANDO CONTRA O VENTO

1

#CAETANO
DECUECA

Em 16 de julho de 2015, uma *hashtag* domina o espaço da rede social mais sintética que existe. Em poucos minutos, aliás, segundos, o Twitter é invadido por um tsunami composto por 14 letras. Poucos, na Itália, perceberam, mas nos países de língua portuguesa foi um delírio. A *hashtag* em questão – *#caetanodecueca* – se tornou um dos *trending topics* em todo o país.

O resultado foi surpreendente também nos países do Atlântico Sul, ou seja, Cabo Verde, Angola, São Tomé e Príncipe e, naturalmente, Portugal. A esses países deve ser acrescentado Moçambique, que não dá para o oceano Atlântico, mas é fortemente ligado à língua e à cultura portuguesa.

A palavra cueca subitamente começou a ressoar como um trovão por todo o Atlântico Sul. Um vozerio contínuo, um barulho intenso, um sussurro desajeitado acontecendo, decididas cotoveladas de camaradagem e entendimento.

Cueca, cueca, cueca...

Como se fosse uma fórmula mágica.

Cueca, cueca, cueca...

Mas o que significa cueca, exatamente? Não nos deixemos enganar pelo som redondo, cheio, quase aristocrático. Não, não nos deixemos enganar. Cueca não tem nada a ver com tronos dourados ou coroas de diamantes. Não há reinos esplendentes no horizonte ou noites de gala. Cueca é simplesmente a palavra em português que corresponde à nossa "*mutanda*".[1] Entenderam bem: cueca é *mutanda*.

Nada de poético, sinto muito.

Portanto, #caetanodecueca significa simplesmente *Caetano in mutande*.

1 "Cueca" em italiano. [N. T.]

E aqui também, aparentemente, parece haver pouca poesia.

Mas que Caetano?

Se vocês têm em mãos esse livro, a resposta é fácil.

Caetano Veloso, naturalmente, o único, inimitável. Nesse nome e sobrenome já há tudo. Caetano Veloso é um guru, um pai de santo da música, o amigo que nos dá consolo quando os amores acabam ou tomam o rumo errado. É ele quem organiza o movimento, mas também foge de qualquer tipo de ideologia postiça. Um homem honesto, transparente, simples, rebelde.

Todas as vezes que penso nele, lembro-me da bolsa de *Mary Poppins*. Daquela bolsa mágica, a babá perfeita tira autênticas maravilhas: um cabideiro, um espelho, um rouxinol. E Caetano Veloso faz a mesma coisa. Faz emergir de dentro de si todos os tipos de coisas, de velhos sambas de Vicente Celestino, passando por sugestões fellinianas pescadas sabe-se lá de que lugar, até as notas estridentes de Henri Salvador que tanto o fascinou em sua juventude. Caetano Veloso é fundamentalmente um homem curioso.

Nunca foi um catedrático, nunca dividiu a cultura entre alta e baixa. O povo tem sua sabedoria e ele sempre teve um grande respeito pelo povo. Inclusive porque também é parte dele. Mistura tudo, o místico e o popular, o sonho e a razão. Caetano Veloso é uma vitamina, uma daquelas em que a polpa, a casca e as sementes se combinam. Não exclui, inclui. No fundo, ele é como o Brasil. Cheira como essa terra feita de contradições e beleza, de horror e paraíso. Nunca tomou para si a missão precisa de narrar o seu país; isso simplesmente aconteceu. Talvez seja por isso que no dia 16 de julho de 2015 sua foto de cueca circulou nas redes sociais do mundo todo.

A história da *mutanda* precisa ser explicada melhor. E não pensem mal, não há nada de ofensivo em uma cueca.

Tudo começou na Suíça.

Dois amigos admiradores, os cantores Carla Perez e Xandy, foram encontrá-lo no camarim em Montreux, onde o cantor estava trabalhando durante sua turnê com Gilberto Gil, comemorando com os fãs ambas suas carreiras. A turnê tinha o sugestivo título *Dois amigos, um século de música,* e não por acaso teve grande sucesso de público em todos os lugares em que se apresentaram. Em Perugia, por exemplo, o show Gil-Veloso foi o segundo em venda de ingressos da edição do Umbria Jazz de 2015. E, em Roma, esgotaram-se as entradas para o show de 6 de maio de 2016. Até os lugares em pé, no Auditorium[2], foram vendidos. Estive presente em ambas as datas e posso confirmar isso. Éramos muitos tanto em Perugia como em Roma. E foi fascinante, como sempre.

Mas voltemos à cueca.

Caetano Veloso estava no camarim relaxando, quando os amigos chegam e ele os recebe mesmo em *déshabillé*. Eles riem, divertem-se, brincam. Com eles, estava também Paula Lavigne, ex-mulher do cantor[3] e sua empresária. Paulinha é uma criatura maravilhosa. Quem ama Caetano Veloso não tem como não amar Paula Lavigne, aliás, adorá-la. É ela a "Branquinha" da música "Carioca de luz própria", a pessoa que, após o casa-

2 Auditorium Parco della Musica é um importante complexo dedicado à música, localizado em Roma. [N. T.]

3 Segundo o jornal *Correio 24 Horas*, citando o portal Ego, Caetano Veloso e Paula Lavigne se reconciliaram no início de 2016 após onze anos separados (www.correio24horas.com.br/noticia/nid/paula-lavigne-confirma-reconciliacao-com-caetano-veloso-apos-11-anos-separados). [N. E.]

mento (e os dois filhos), ficou ao lado do cantor para cuidar dos seus negócios. Passaram por tantas coisas juntos e se respeitam.

Ela não é apenas a sua empresária, mas também relata sua vida para nós, fãs, quase minuto a minuto. No Instagram da Paulinha, há muitíssimas fotos do ex-marido,[4] e isso nos faz sentir mais próximos dele. Claro que ela também coloca fotos de outros cantores com quem trabalha, como por exemplo o rapper Emicida. Mas do Caetano há mesmo uma avalanche de fotos de todos os tipos. Uma delícia para nós que o adoramos. Minha preferida é aquela em que ele está rodeado por uma garotada superjovem em Paris, onde todos parecem resplandecentes de alegria por estarem ao lado dele, que emana luz como uma grande estrela de uma galáxia solitária. Eu me vi na alegria e nos gestos daqueles jovens parisienses desconhecidos. Olhando aquela foto, entendi que nós que amamos Caetano somos de fato uma comunidade. Sou de origem somali, mas não sou tão diferente de uma espanhola do bairro de Malasaña, em Madri, ou de uma brasileira de Salvador. Sofremos da mesma paixão. Caetanite aguda.

É por isso que a foto do nosso herói de cueca nos fez sentir ternura.

Muitos, para dizer a verdade, ironizaram nas redes sociais, fizeram chacota, piadas e montagens. Mas Caetano Veloso, com 73 anos à época, de cueca, parece só estar super à vontade. Porque ele é assim. A roupa é só um detalhe. Algo com o que brincar, sem muita preocupação. Uma diversão e com certeza não uma couraça para vestir contra o mundo. Ele nunca

4 Vide nota anterior. [N. T.]

está contra, ele é só a favor. Mesmo quando fica bravo, é um homem propositivo. E depois, quando se veste, é júbilo em estado puro.

Nós, os fãs, sabemos bem. Nós o vimos vestindo ternos azuis impecáveis ao cantar tristes boleros sul-americanos, mas também com estampas do Paquistão amarradas na cintura caminhando por uma praia tropical. E seus cachos hippies que esbanjava com orgulho nos anos setenta e que ficaram em nossos corações. Seu guarda-roupa é algo que conhecemos de cor: a camiseta que usava no Coliseu dos Recreios de Lisboa em 1981 quando cantava a maravilhosa "Você não entende nada", por exemplo.

Por isso os fãs, talvez para imitar sua forma despachada e brincalhona, começaram a postar freneticamente seu Caetano de cueca. Apareceram como praga fotos de sunga listrada, sunguinhas hippies no Leblon e cuecas vermelho-fogo que deixaram ruborizada a Internet. Cada um tinha o seu *#caetanodecueca* para mostrar e defender. Assim festejamos, de um jeito um pouco bizarro, a alegria de estar vivos, de ser irreverentes, bonitos e, sobretudo, irônicos. Contudo, aprendemos com ele que a vida deve ser vivida enfrentando incertezas, errando como todos e acertando só no essencial. Raiva, felicidade, tristeza, tudo assume o colorido de um acorde, a plácida compostura de um verso.

Caetano Veloso não concilia o sono. Muitas vezes o perturba, e nessa perturbação cada um de nós em alguma medida encontra um pedaço de si mesmo. Em "Peter Gast", uma das suas baladas mais belas e menos conhecidas, diz:

Sou um homem comum
Qualquer um
Enganando entre a dor e o prazer
Hei de viver e morrer
Como um homem comum
Mas o meu coração de poeta
Projeta-me em tal solidão
Que às vezes assisto
A guerras e festas imensas [...]
E sou um.

Nem todos conhecem essa música que Caetano dedica idealmente ao compositor alemão amigo de Friedrich Nietzsche, cujo nome real era Heinrich Köselitz. "Peter Gast" é uma música para os paladares mais refinados. Uma balada melancólica que no final transforma-se num compêndio de filosofia.

Descrevendo-se, nos descreve, nós que nos perdemos naquela música introvertida e melancólica, naquele nome – "Peter Gast" – que é uma reminiscência de Nietzsche. Ele é nós e nós somos ele. É a partir dessa correspondência de sentidos amorosos que começa a nossa ressurreição.

Esse homem salvou a minha vida.

Todas as vezes em que a vida me ignorava ou me maltratava, havia sempre uma canção sua pronta para me segurar. Uma canção sua que era para mim um escudo contra aquele mundo às vezes hostil e maldoso. Foi através da sua voz que a alegria de existir se expressou em mim como nunca havia se expressado.

Paul McCartney dizia que talvez as pessoas tirem sarro de nós por causa das músicas pop, alguém que, com uma insistência chata, falará de *silly love songs*, bobas canções de amor, mas o que seria do mundo sem essas importantes *silly love songs*?

Eu amo a música porque me faz sonhar, dançar, acreditar que no fundo tudo pode acontecer.

De fato, para mim, não há muita diferença entre Mozart e Loredana Berté[5], quando as emoções estão em jogo. Eu sei, isso pode soar como uma blasfêmia. É uma blasfêmia. Mas eu sou blasfema quando o assunto é o amor. E é o amor que a música me transmite que faz com que ela seja vital para mim, tão importante como o ar que respiro.

É por isso que para mim (e acho que também para alguns de vocês) Caetano Veloso é uma religião.

Uma amiga minha, a poeta Lidia Riviello, disse-me uma vez algo semelhante sobre Totò.[6] "Eu e você só vamos nos dar bem se você me garantir que gosta do Totò. Não consigo ser amiga de alguém que não ame Totò." Eu compartilho do mesmo fundamentalismo da Lidia. Ainda bem que gosto do Totò e dessa forma a minha amizade com a Lidia não somente está salva como também é uma amizade profunda. Mas entendi o que ela queria me transmitir. Um amor incondicional que muitas vezes não se pode explicar. Por que Totò e não Alberto Sordi? Por que Marilyn Monroe e não Bette Davis? Por que Mark Twain e não Ernest Hemingway?

5 Loredana Berté é uma cantora de música popular e comercial italiana que foi muito famosa nas décadas de 1970-80. [N. T.]

6 Antonio de Curtis (Nápoles, 15 de fevereiro de 1898 – Roma, 15 de abril de 1967) foi um ator italiano símbolo do entretenimento cômico no país. Era conhecido como o "príncipe da risada" mas também interpretou papéis dos mais dramáticos no cinema e no teatro. Foi também dramaturgo, poeta, compositor e cantor. [N. T.]

É difícil explicar um amor. Então não vou lhes explicar porque eu amo Caetano Veloso. Não saberia como fazê-lo. Aliás, agora que estou escrevendo essa carta aberta a vocês, esse punhado de páginas, esse fluxo de consciência, sinto-me inadequada. Não sou uma especialista em música, não sou uma especialista em Brasil (mesmo sabendo várias coisas). Não tenho títulos para apresentar. Só tenho o meu amor, a minha devoção, a minha absoluta dedicação.

Será o suficiente?

2

Caetano Veloso é essencialmente, para mim, sua poesia.

E dentro dessa poesia há a sua voz, um instrumento delicadíssimo e potentíssimo que entra como a flecha de um cupido em nossos corações.

Ela nos dilacera e dilacerando-nos leva-nos de volta à vida. Experimentamos uma contínua ressurreição ao ouvi-lo.

Suas canções são a seiva necessária.

Um percurso da alma.

Isso é o que peço que façam comigo: uma peregrinação.

Mas não aquelas clássicas com bastão e túnica. Não esse tipo de peregrinação.

Como no Caminho de Santiago, não prometo percorrer todas as etapas, todas as canções, cada anedota. Não vou ser exaustiva, não posso sê-lo.

O que vou lhes contar é um percurso, falaz e incompleto, pela música de Caetano Veloso. Um itinerário meu. O meu Caminho de Caetano pessoal.

Eu poderia começar por um verso:

Eu sou a chuva que lança areia do Saara
Sobre os automóveis de Roma.

Roma é a minha cidade. Eu nasci na "Cidade Eterna", em meados dos anos 1970. Caetano Veloso já era uma lenda - já havia atravessado o inferno do exílio e dele havia saído ferido, mas vitorioso.

Estava em Roma quando compôs para sua irmã Maria Bethânia uma canção que é a soma (e quase uma glorificação popular) de tudo o que é brasileiro e baiano. Mas o *incipit* é fugidio. Caetano precisa de uma imagem forte, de algo que lhe permita fazer fluir de sua cornucópia o mundo variado que carrega dentro de si. De repente ele vê algo que o surpreende. Sai do hotel. Os carros estacionados estão cobertos de areia, uma camada tão grossa que quase parece neve. "O que é isso?", Caetano pergunta às pessoas. Alguns dos seus amigos italianos dizem-lhe que é a areia trazida pelo vento do Saara. Uma areia que vem da África e que pousa docemente sobre uma Roma cada vez mais cosmopolita. Caetano não sabe sobre a praça Vittorio e o seu *suk*[7], não sabe que em Tor Pignattara há a Pisacane, a escola mais multiétnica da Itália, mas é como se visse tudo através daquela areia. Europa e África, no fundo, não são tão distantes.

A primeira imagem se apresenta a ele assim, de forma tão potente e espontânea. As outras chegam depois e o dominam todas juntas e a escrita se faz fluida. Nasce "Reconvexo", que é um belo samba de roda no qual tudo o que os pensadores de bem consideram *out* vira *in*. A canção é quase um hino. Um hino orgulhoso de um homem no seu Recôncavo Baiano e de todo o Brasil, mais brasileiro do que nunca. Desfilam nomes locais junto com grandes nomes internacionais como Andy Warhol e Henri Salvador. "Reconvexo" celebra a contracultura e também confere dignidade a tudo o que é considerado diferente. Uma canção alegre e despretensiosa, mas que em cada nota recolhe um profundo sentido de pertencimento.

Não por acaso, num certo ponto da lista infinita surgem também as novenas da Dona Canô, sua mãe.

"Reconvexo" me faz pensar tanto na família, na do Caetano, é claro, mas também na minha, que se parece um pouco com a dele. Eu, filha de somalis, nasci no âmago de uma família numerosa e espalhada pela

7 Mercado árabe tradicional. [N. T.]

guerra. Talvez seja por isso que quando sinto o cheiro da casa Veloso parece-me sentir o cheiro do ar da minha casa. Caetano é filho de José Telles Veloso (Seu Zezinho) e Claudionor Vianna Telles Veloso (Dona Canô). O pai era funcionário dos correios, a mãe, dona de casa. A sua família era "da classe média baixa", como ele sempre recorda em suas entrevistas. Nenhum luxo supérfluo, muito amor, regras claras e, à mesa, as mãos bem lavadas.

Durante as refeições, acontecia de tudo. À mesa, os garotos (Caetano é o quinto de muitos filhos) comentavam de tudo: o boletim da escola, os vizinhos, as festas dos padroeiros, as paixões, os novos amigos, as cores do céu, o sorriso de Irene:

> [...] *Quero ver Irene rir*
> *Quero ver Irene dar sua risada*
> *Irene ri, Irene ri, Irene.*

Irmã amadíssima a quem, já adulto, dedicou uma de suas canções mais íntimas. Quase uma canção de resistência, escrita na sombria prisão em que ficou trancafiado durante a ditadura.

Mas voltemos à mesa.

A mesa é belíssima.

Os garotos se divertem entre todas aquelas verduras cozidas e as carnes assadas. Eis os garotos e as garotas da casa Veloso com seus cachos rebeldes, rostos esplêndidos, orelhas pontudas. Seu Zezinho e Dona Canô são como dois sacerdotes que celebram aquele ritual cotidiano e preciosíssimo.

A mesa continua lindíssima.

Há a comida, há o tempo que passa, há os garotos e as garotas que crescem ao redor daquela mesa. Cresce o peito, cresce a barba, cresce-se.

Dona Canô ficava atenta à simples organização do ritual. Eu a imagino com seu rosto de garotinha que vigiava os pratos dos seus filhotes. Assegurava-se de que todos eram servidos da mesma forma. Vigiava bocas e estômagos. Queria ter a certeza de que todos comeram e todos estavam contentes. Imagino o sorriso do Seu Zezinho. Imagino o olhar de compreensão que os dois compartilhavam sobre suas sopeiras cheias. Todos diziam que formavam um lindo casal, Seu Zezinho e Dona Canô. Não era raro vê-los passear de mãos dadas pelas ruelas de Santo Amaro da Purificação. Quem cruzava os passos deles era tomado pelo amor que os unia. Caetano e a irmã Maria Bethânia sempre confirmaram que os pais eram tão doces juntos.

A primeira vez que tive plena consciência do rosto de Caetano Veloso foi enquanto tirava o pó dos discos nas prateleiras de uma famosa livraria no centro de Roma. Apesar do cansaço de colocar os discos nas caixas e dar conselhos aos clientes um tanto pedantes, no final não era tão ruim passar o tempo com Ella Fitzgerald, Nat King Cole ou Freddie Mercury. Naquela época, as pessoas ainda compravam discos e CDS, e eu tinha encontrado um bom lugar para vendê-los, tirar o pó e colocar o alarme neles (ou seja, inserir o dispositivo antifurto). Eu fazia tudo isso sorrindo.

Eu conhecia Caetano Veloso de nome, é claro, mas ainda não estava apaixonada por ele. Era um dos tantos que andavam pela minha cabeça. Quando alguém mencionava o Brasil, naquela época, vinham-me à mente somente os livros. Eu havia estudado literatura na universidade e, entre tantos exames prestados, alguns eram justamente sobre literatura brasileira. Lembro-me da impressão que me causou o modernista Mário de Andrade com o seu *Macunaíma*, a alegria que me deu Jorge Amado com a sua *Gabriela Cravo e Canela* e a angústia existencial em que Clarice Lispector me deixou. Eu tinha vinte e dois anos quando me deparei com aquele Brasil.

Naquela época, tudo me impressionava. Mas eu também era desleixada e não muito boa em fazer contas, muitas vezes errava os resultados. A música não fazia parte do programa de estudo para os exames, então eu tranquilamente a ignorava. Erro gravíssimo, eu sei. E nem foi o único erro que cometi naquela época. Melhor nem falar dos amores errados e dos becos sem saída. Na faculdade, porém, sempre havia alguém entre os alunos que assobiava alguma canção do Chico Buarque. E eu conhecia. Quando pequena, eu o havia visto cantar com o Lucio Dalla na televisão, num daqueles belos programas apresentados pelo Gianni Minà que minha mãe tanto gostava.

Chico Buarque com seus olhos verdes capazes de hipnotizar.

"Não tenho tempo para ouvir música", eu dizia, cometendo um grande erro. E daí em diante emendava listas longas e inverossímeis de coisas que eu devia fazer, só para não admitir para mim mesma que, enfim, a juventude me aterrorizava, que eu tinha medo de fracassar, de ser uma decepção para os meus pais.

Eu queria encontrar um lugar nessa vida torta. Era cheia de ansiedades e não sabia bem como me lançar no meu primeiro voo. Não imaginava que as palavras viriam a se tornar o meu futuro. Eu trocava de trabalho com frequência naquela época. Não era fácil: estávamos nos tornando trabalhadores precários e ninguém tinha nos avisado disso. Nossa ideia do mundo ainda era do século vinte; porém, o capitalismo havia nos abandonado e trapaceado.

Eis-me então, anos após a minha formatura, concentrada em tirar o pó dos discos.

Depois de mil entrevistas de trabalho que deram errado, consegui finalmente um emprego, não exatamente o emprego dos sonhos, mas pelo menos eu tinha um salário que me dava autonomia.

De vez em quando, eu até olhava os discos. Tentava memorizar os nomes. Não conhecia tudo de música, mas o objetivo era interiorizar o maior número de capas na minha cabeça encaracolada, pois assim eu evitava passar vergonha na frente dos clientes. Claro, algumas capas eram históricas, como aquela com a banana assinada por Andy Warhol para o Velvet Underground ou os Beatles que atravessavam a Abbey Road encenando um estranho funeral. Já no *heavy metal* eu me saía mal. Todos aqueles Black Sabbath, Sepultura, Iron Maiden eram demais pra mim, com suas capas de zumbis góticos que me causavam uma certa náusea.

Mas, certa noite, um disco diferente acabou nas minhas mãos.

Na capa, um homem de perfil, com um olhar de quem desafiava o mundo, um chapéu de feltro e um horizonte que poderia conter de tudo. Aquele rosto atiçou minha curiosidade.

Era Caetano Veloso, mas eu não o havia reconhecido. Talvez eu nem soubesse direito qual era o seu rosto, e de todas as formas eu não o identificava com aquele homem de chapéu de feltro. Sem saber o que estava para me acontecer, eu abri o disco. Tirei o celofane, a etiqueta antifurto e coloquei para tocar. Havia poucos clientes à noite e eu sempre me dava pequenas liberdades, como ouvir discos que desconhecia, apenas para aprender algo novo. Aquele trabalho, no fim das contas, teve o mérito de me mostrar que o tempo dedicado à boa música nunca é tempo perdido. Sons suaves, delicados. Sons que me acompanhariam até o final do meu expediente.

Quando abri o disco, porém, vi algo a mais. Uma outra imagem. Vi um homem de perfil, o próprio Caetano, que beijava delicadamente os lábios de outro homem. Um beijo doce. Um beijo familiar.

Era o beijo de um filho num pai. Era o beijo de Caetano em Seu Zezinho. O Disco chamava-se *Cores, nomes*, e ainda hoje está entre os meus preferidos. Um disco que evoca as cores, a vida, o Brasil e todas as suas contradições. Naquele álbum, há a canção "Queixa", uma festa musical para contar as perfídias e os atalhos do amor. Ouço "Queixa" toda vez que estou abatida, pois sempre sinto tanta vida nesta canção:

Princesa, surpresa, você me arrasou
Serpente, nem sente que me envenenou
Senhora, e agora, me diga onde eu vou
Senhora, serpente, princesa.

No disco, Seu Zezinho ilumina o filho com o seu afeto. Naquele beijo está a raiz de Caetano. A raiz de tudo aquilo que ele foi capaz de colocar em sua música.

Não é possível entender isso, se não se abraçar, de preferência, aquela mesa de uma casa de classe média baixa de Santo Amaro da Purificação.

Não é possível entender isso, se não adentrarmos aquele ruído familiar. E nos olhos dos dois sacerdotes: Seu Zezinho e Dona Canô.

Caetano Veloso está em tudo isso aí.

Ao redor daquela mesa, ele cantou pela primeira vez, foi ali que ele entendeu como o mundo funciona, sentiu que a sua arte era uma necessidade vital.

Caetano Veloso está naquele beijo que o pai lhe dá. Mas está também nos carinhos da mãe, Dona Canô.

No Brasil, a mãe de Caetano Veloso é tão famosa quanto ele e a sua irmã Maria Bethânia. Ela deixou esse mundo aos cento e cinco anos, num dia de Natal. Todo o país se abraçou ao redor da família. A dor da sua perda foi algo coletivo. Por ela chorou o Piauí, o Maranhão, o Ceará. Chorou Minas Gerais. Chorou Pernambuco e Mato Grosso. Chorou o Rio de Janeiro. Chorou São Paulo.

E, naturalmente, chorou a Bahia.

Dona Canô, pequena, aparentemente frágil, com aquele rosto de garotinha doce e na flor da idade, encantou gerações inteiras com seus modos elegantes, sua forte fé religiosa e sua gentileza antiga com a qual ninguém mais estava acostumado. Com o tempo, ela se tornou uma instituição. Amava suas origens, sua cidade, sua gente. Lutava com todas as suas forças para preservar a sua terra natal contra a poluição e a ignorância. A educação dos jovens era uma questão crucial em sua luta. Não por acaso, a biblioteca de Santo Amaro da Purificação leva o nome dessa pequena grande mulher.

Tinha carinho também pelas tradições. Para ela, não era apenas folclore organizar o Terno de Reis. Era o cordão umbilical que a unia ao seu mundo, aos seus antepassados. Aquele Brasil sofrido e alegre que sempre sabia encontrar uma solução para os seus problemas. E não havia só o Terno de Reis, mas também a Reza de Santo Antônio, uma novena rezada coletivamente antes do dia 13 de junho. Dona

Canô era muito religiosa, devota de muitos santos. Mas principalmente devota à palavra de Deus. Para ela, Deus não estava somente no ritual, mas também nos gestos cotidianos, no amor ao próximo, na luta contra a hipocrisia, na tenacidade de lutar pelas causas justas.[8]

Basta fazer uma pesquisa na Internet para ver quantos a amaram. Há fotos suas com garotas anônimas da Bahia, com o ex-presidente Lula, com Chico Buarque e com bibliotecárias entusiasmadas da cidadezinha. Famosos e desconhecidos, todos estavam em seu velório para homenagear uma pessoa extraordinária.

E ela era realmente extraordinária! Mas também era uma mulher humilde, sensível, não particularmente atraída pelas luzes da ribalta. Ela se sentia, antes de mais nada, mãe de Rodrigo, Mabel, Maria, Caetano, Irene...

Mãe de professores, cantores, poetas.

Pois, além do Caetano, há muitos outros artistas na família. Ou melhor, artistas mulheres. A sagrada (como sempre a definiu Lucio Dalla) Maria Bethânia e a doce poeta Mabel.

Como é possível tanta arte numa só família?

Bom, já sabemos, "Caetano é foda", como dizem seus fãs no Brasil, Caetano é demais, mas se é assim, muito disso depende da pequena e belíssima Dona Canô.

Foi ela quem levou a música para casa.

Ela cantava os sambas de Dorival Caymmi, Silvio Caldas, Roberto Silva, Wilson Batista.

Dona Canô foi a sua primeira professora de música.

8 Sobre ela, pode-se ler o belo livro *Canô Veloso – Lembranças do saber viver* de Antônio Guerreiro de Freitas e Arthur Assis Gonçalves. [N. A.]

E toda vez que ouço "Coração vagabundo", uma das primeiras composições de Caetano Veloso, sinto o cheiro de família, ouço a algazarra daquela mesa de classe média baixa de Santo Amaro da Purificação.

"Coração vagabundo" é perfeita.

Uma voz que é quase um sussurro. E parece cantar só para nós, a canção vibrando com delicadeza infinita em nossos ouvidos. É um clássico do repertório velosiano, nunca falta em seus shows, e os seus admiradores sentem-se seduzidos. Do Japão à Austrália, todos enlouquecem ao ouvir essa bossa que se equipara às composições de Chet Baker e de Tom Jobim. A canção faz parte do primeiro disco, *Domingo*. É um disco estranho, quando comparado aos que virão depois. Um disco tímido, no qual o compositor não está no centro da cena, mas esconde-se nos bastidores. Recorrendo a uma metáfora futebolística, diríamos que ele é um lateral-esquerdo, pois claramente não é um atacante, um Garrincha ou um Pelé. Ele compôs quase todo o disco para a amiga-colega Gal Costa. Ela é a protagonista, ele parece querer dizer: "Eu estou aqui por acaso". Aliás, eu sou o homem do *backstage*, não quero que me notem muito, vou ficar quietinho nos bastidores. Em *Domingo*, Caetano Veloso ainda não tem certeza de que a música é o seu caminho. Ainda não tem nada decidido na sua vida. Tudo ainda está em aberto, tudo é possível. Quando era adolescente, ele se sentia atraído pelo cinema, pelo teatro e principalmente pela pintura. Pelas ruas da sua Santo Amaro da Purificação, ele desenhava as suas fantasias mais audaciosas, assim como os artistas que desenham figurações de Nossa Senhora pelas nossas praças. Encaixar as linhas e as cores encantava-o. Permanecia horas desenhando, sonhando.

Mas a música não o abandonou, pois sabe que ele é seu súdito. Como uma leoa ou uma gazela inquieta, ela o aguarda entre as moitas. Sabe que, mais cedo ou mais tarde, o garoto voltará até ela de joelhos. Será ele a implorar.

Cabe dizer que a música, para ele, se manifestou quase imediatamente. Sua mãe cantava quando estava grávida. E Dona Canô também continuou cantando após o parto.

A música circulava pela casa e o rádio estava sempre ligado.

Nele, ouviu – com apenas quatro anos – uma valsa gravada por Nelson Gonçalves (que ele descobrirá mais tarde ser uma composição do pernambucano Capiba) que literalmente o hipnotizou:

Maria Bethânia
Tu és para mim a senhora
Do engenho em sonhos
Te vejo, Maria Bethânia.

Aquele refrão entrou na cabeça dele para nunca mais sair. Quando Seu Zezinho decidiu que o nome da filha que Dona Canô carregava no ventre seria escolhido numa espécie de loteria familiar, o pequeno Caetano não teve dúvida alguma: a irmãzinha deveria se chamar Maria Bethânia. E ganhou.

Que sorte para a Bethânia! Um dos outros nomes concorrentes era o da rumbeira Mary Gisleine, escolhido pelo irmão Rodrigo. Diz-se que o pai não queria absolutamente o nome de uma rumbeira na família e por esse motivo trapaceou um pouquinho na hora do sorteio. Nunca saberemos como as coisas realmente se deram, mas podemos dizer com certeza absoluta que, com quatro anos, Caetano Veloso já sabia de cor um repertório nada mau. E crescendo continuou aprendendo.

Arranhava algo no piano. Cantava com a mãe tudo o que aparecia. Era louco por gente como Vicente Celestino, Francisco Alves, Luiz Gonzaga, Sílvio Caldas; sabia de cor cada nota, cada palavra. Foi um garotinho, e depois um jovem, com uma capacidade de concentração realmente fora do comum. Não é por acaso que um dos passatempos preferidos de Caetano e Maria Bethânia era brincar de faquir. Tinham que olhar para o céu em silêncio, sem mover um músculo. Foi a sua primeira aula de concentração. Se pensarmos bem, era algo semelhante a uma daquelas aulas que se praticam nos laboratórios de teatro. De fato, essa brincadeira de faquir foi útil para Maria Bethânia em seu trabalho no teatro nos anos seguintes. A capacidade de concentração exigida no jogo ajudou-a bastante. Brincando, o irmão lhe proporcionou um instrumento essencial para o seu futuro.

Maria Bethânia, pode-se intuir de todas suas entrevistas (raras mas densas), adora Caetano.

Quando pequena, ela queria sempre brincar com ele, pois era melhor do que as bonecas e melhor do que qualquer fábula. Juntos, brincavam também de imaginar o mundo. Inventavam histórias, às vezes filmes inteiros, sagas fantásticas, mundos sobrenaturais, terras longínquas, animais ferozes, música paradisíaca. Esse mundo da infância está presente em músicas como "Coração vagabundo". Com aquela voz suave, com aquela forma de esconder-se dentro das palavras de um texto assim tão pleno.

Caetano Veloso escreveu e dedicou a canção a Dedé Gadelha, sua primeira musa e sua primeira mulher. É, porém, uma música que nos fala do mundo interior de um homem em formação. A contracultura ainda não havia chegado para apontar-lhe o caminho. Intui-se, porém, pelos acordes, pelas harmonias, que o que chegara para transformar o mundo dele e de Maria Bethânia era João Gilberto.

Bem, sobre João Gilberto é preciso deter-se um minuto. Ele é música no estado puro. Violonista autodidata, rebelou-se desde pequeno contra o conformismo dominante para seguir aquele demônio que não lhe dava trégua. João Gilberto podia tornar-se um obscuro burocrata, mas a música levou-o a outro lugar, salvando-o.

À música ele deu primeiro o seu coração, então a sua cabeça e, por fim, não satisfeito, também o seu estômago.

Maníaco das notas, João Gilberto é alguém que imagino como um profeta que conhece e doutrina. Inventou, juntamente com Antônio Carlos Jobim, Vinicius de Moraes e Carlos Lyra, a bossa nova. Colocou em ponto de bala aquela máquina perfeita que é "Chega de saudade", em que toda harmonia combina com a próxima num balé cacofônico e perfeito. A bossa nova é moderna, é uma concentração de modernidade. E, naturalmente, os jovens que foram influenciados por ela sentiram-se estupefatos, como São Paulo no caminho de Damasco. Não puderam resistir. O chamado era forte demais, urgente demais para ser ignorado.

Ainda hoje a bossa nova encanta.

Ouvir João Gilberto é uma experiência mística. Pelo menos para mim.

Caetano Veloso se depara com a música de João Gilberto em 1959. Um amigo o levou para ouvi-lo num dia em que andavam ao léu, e ele, Caetano, ficou enfeitiçado. Nada do que ele conhecia podia prepará-lo para tanta modernidade, e cabe ressaltar que o adolescente de Santo Amaro da Purificação chafurdava na modernidade. Sentia-se atraído de forma intensa e inexorável. Era um chamado que ele sentiu em suas entranhas, o moderno atravessando seus ossos como uma rodovia. Amava a pintura abstrata, que lhe parecia magnífica, pois era como a música, não significava nada e ao mesmo tempo significava tudo. Amava o cinema de Godard e a *nouvelle vague*. Fellini e Antonioni o fascinavam com seus giros de câmera. E, depois, com o golpe militar em 1964, chegaram também as primeiras ações contrarrevolucionárias. Isso também é modernidade. Penso na loucura de uma revista como *Pif-Paf*, do Millôr Fernandes, que, com as suas cores psicodélicas e seu jornalismo engajado tornou-se uma referência para os jovens brasileiros militantes. Durou somente oito edições, apenas quatro meses, mas foi como um relâmpago num deserto de conformismo. É claro que Caetano Veloso não perdeu nenhum número da *Pif-Paf*. Assim como aquela revista, ele também estava em ebulição. Estava aturdido com toda aquela novidade que girava como uma galáxia enlouquecida ao seu redor. Tudo o confundia.

Um dia sonhava em pintar e no outro em fazer um filme. Entretanto, continuava cantando os seus sambas com a tia (quando os pais o mandaram para o Rio devido à sua saúde frágil e às péssimas notas na escola), e não perdia nenhuma apresentação no auditório da Rádio Nacional. Ali, viu de perto Nora Ney, Cauby Peixoto, Ângela Maria e a bela e sensualíssima Marlene, e adorava aquela música que a mãe havia tornado algo tão familiar para ele. Porém, quando chegou João Gilberto, tudo aquilo que se agitava em seu peito de jovem desassossegado começou a fazer sentido, a virar na direção certa. Pode-se dizer que Caetano Veloso nasceu pela segunda vez em 1959, diretamente da cabeça de João Gilberto, mais ou menos como Minerva nasce da cabeça de Zeus.

João Gilberto é perfeccionista, mas sabe também que a música é imprecisa, desordenada, rebelde, anarquista. E desnuda-se da sua precisão para correr atrás daquela musa desobediente, que desafina, como diz em “Desafinado”:

É que os desafinados também têm um coração.

Caetano aprende a *desafinar* no ritmo da bossa nova. Começa a misturar os antigos sambas da sua mãe com o estilo trazido por João Gilberto.

Ainda hoje, ele é a sua referência. É sempre aquela fonte da qual ele bebe para ser realmente ele mesmo, realmente moderno, realmente Caetano Veloso. Sempre pode aprender algo com ele. João Gilberto é o seu pai musical e o seu mestre supremo. É o seu passado e o seu futuro. Sem aquele encontro em 1959, talvez não houvesse Caetano Veloso algum hoje em dia.

Tampouco haveria Caetano Veloso algum sem Gilberto Gil.

Gilberto Gil e Caetano Veloso são como John Lennon e Paul McCartney, mas menos desgastados, mais amigos, mais cúmplices. A amizade deles completou quase meio século, mesma “idade” de suas carreiras. Para entender o quão profundas são as raízes dessa camaradagem, basta olhar os milhares de vídeos de suas apresentações no YouTube, ou simplesmente vê-los se moverem pelo palco. A amizade e a admiração se escondem nos olhares divertidos, naquele conhecer-se de cor, no antecipar-se continuamente, na risada contagiosa. Querem-se bem. Humanamente e musicalmente. Fundem-se e confundem-se, permanecendo sempre o que são.

Caetano Veloso amava loucamente Gilberto Gil, mesmo antes de conhecê-lo. Ainda garoto, aprendera de cor o velho samba "Serenata de teleco-teco", um dos sambas em que o ritmo é ditado pelo violão numa eterna corrida contra si mesmo. Gilberto Gil tinha um toque mágico, ao mesmo tempo angelical e infernal. E fazia dançar, ah, como ele fazia dançar! É impossível resistir ao seu ritmo, que chega até aos ossos e faz remexer como um terremoto. Eu, por exemplo, quando estou me sentindo para baixo, ouço "Expresso 2222" e a tristeza se joga pela janela, frustrada por não conseguir se apossar de mim. Gilberto Gil traz em si a força luminosa do otimismo e da força de vontade. Ele não conta mentiras, não afirma que o mundo irá te salvar, mas tampouco afirma que a vida acabou. Seu violão maluco sempre oferece uma possibilidade, uma oportunidade, uma esperança. Gilberto Gil te faz acreditar no mundo.

No Brasil, há uma anedota famosa que mesmo muitos anos depois, Daniela Mercury fez uma música sobre ela. Caetano Veloso já amava o ritmo de tamborim do Gil. Já o tinha ouvido no rádio, no onipresente rádio. Bastaram poucas notas para que Gil se tornasse seu novo herói. Um dia Dona Canô o viu na televisão e começou a gritar: "Caetano, venha ver aquele preto que você gosta!" Os dois se encontrariam em breve. Um encontro estranho, em Salvador, em plena rua. Alguém os apresenta.

No começo, Veloso se sentiu intimidado por Gil, pois parecia-lhe impossível que seu mito do violão estivesse assim, a dois passos dele. Conversa em voz baixa, quase incrédulo. O ano é 1963, nenhum dos dois sabe o que fazer a seguir. São apenas duas pessoas que compartilham o mesmo demônio. E é a partir desse ano que Caetano Veloso começa a aprender a tocar violão. No início, não sabia absolutamente nada. Com alguns acordes de base, arranhava algo aqui e ali, mas pouca coisa. Depois, porém, Caetano canibaliza Gil com os olhos e, observando-o, aprende, aprende, aprende e no final torna-se realmente bom.

Naquele ano, Caetano Veloso encontra também Gal Costa, a voz para quem irá escrever muitas músicas.

Uma camaradagem diferente da que tinha com Gilberto Gil, mas tão potente quanto aquela. É Dedé Gadelha, futura primeira mulher de Caetano, quem os apresenta. Há uma faísca musical fortíssima entre os dois. Caetano encontra naquela mulher uma amiga e, principalmente, uma companheira musical das mais precisas e atentas.

Salvador não era o centro do mundo. Não era o centro nem do Brasil. A cultura acontecia no Rio de Janeiro e em São Paulo.

Geograficamente, a cidade de Salvador encontra-se na Região Nordeste do país. Uma das áreas mais pobres daquele país-mundo, mas é também um dos lugares com a maior tensão criativa. A Bahia foi o último estado a se unir à federação brasileira, e o estado com a mais forte matriz africana devido à antiga rota dos escravos. Nota-se isso na cultura sincrética que ainda hoje permeia o território. Vê-se isso no candomblé, nas roupas tradicionais das mulheres e nos traços urbanísticos que não deixam dúvidas. Um território negro e mestiço no qual – ensina-nos Jorge Amado – há uma forte imigração da Síria e do Líbano, um fenômeno que foi presente nessas terras entre os séculos XIX e XX. Na Bahia, a música nasce dessa mistura entre culturas distintas, nasce desse mesclar-se continuamente.

Ao contrário do que ocorre hoje nas periferias do mundo, a Bahia, e principalmente a sua capital, Salvador, nunca estiveram à margem das coisas. Em Salvador, podia encontrar-se o melhor da cultura brasileira produzida naquela época. Assim, Caetano Veloso, com sua irmã Bethânia, Gilberto Gil e Gal Costa, podiam usufruir de tudo que o mundo tinha para oferecer.

Refletindo sobre a Bahia dos anos 1960, meu pensamento viaja até Primavalle, o bairro de Roma onde eu cresci. Eu e minha família fomos um pouco nômades. Não encontramos de imediato uma boa colocação na capital. Os meus pais vinham de outro país e também de outra classe social. Na Somália, desfrutavam de uma boa condição, mas chegaram à Itália como refugiados, tendo perdido tudo num piscar de olhos. Em Roma, tiveram que criar novamente uma vida como subproletários, refugiados, pessoas carentes de tudo. Por onde começar? Em que bairro?

Atravessaram muitas dificuldades: do fascismo à Balduina,[9] passando por uma casa úmida em Trionfale, depois finalmente pela periferia de Primavalle, com uma casa digna e com vizinhos muito simpáticos. Numa certa época, Primavalle provocava medo em Roma. Era o bairro da criminalidade, o bairro da pobreza absoluta. Roma ainda não sabia que, aos poucos, aquele bairro tentava se transformar em algo dife-

9 Balduina é uma área urbana do município de Roma pertencente ao bairro Trionfale. Está situada no lado sul de Monte Mario e, com os seus 139 metros de altura, é o ponto mais alto de Roma. [N. T.]

rente. E se transformou com os pouquíssimos espaços culturais públicos, como a biblioteca Franco Basaglia na rua Federico Borromeo, por exemplo. Mas por que estou falando de Primavalle num livro sobre Caetano Veloso? Porque na Bahia, da mesma forma que em Primavalle, são os pontos de civilização em meio aos lugares mais carentes e bagunçados que fazem toda a diferença, que podem oferecer alguma possibilidade.

Primavalle salvou a minha vida. Graças àquela biblioteca, respirei o ar do mundo, viajei por tantos países, projetei centenas de aventuras, vivi mil vidas. Santo Amaro da Purificação, depois Salvador, foram para Caetano Veloso algo um pouco parecido. Lá, ele respirava o mundo. Como naquela noite quando, ainda adolescente, viu *La Strada* de Fellini e se trancou em seu quarto sem comer. O personagem Zampanò, interpretado por Anthony Quinn, tinha atingido o seu coração, aquele homem que jamais olhava para o céu, salvo na cena final. Tudo para ele se fazia em sentimento. Ser Fellini era um sentimento. Ser Godard era um sentimento. Ser Gilberto Gil também era um sentimento. Sem entender aquela efervescência cultural e política, aqueles pontos de cultura numa terra difícil e periférica como a Bahia, não poderíamos de fato colher aquilo que movia Caetano Veloso.

A Bahia mistura tudo, esta é a sua prerrogativa. E quem é de lá sabe como é viver como equilibrista sobre a arquitetura de um mundo em dissolução.

Pois o mundo em que cresceram Caetano Veloso, sua irmã Maria Bethânia e os amigos Gilberto Gil e Gal Costa era um mundo que estava acabando.

Tinham celebrado sua forma de estar – e fazer – juntos num espetáculo, o primeiro de muitos, um quarteto (que anos depois se chamará Doces bárbaros) ao qual irão se juntar Tom Zé e Os Mutantes. Sobem ao palco com um espetáculo intitulado *Nós, Por Exemplo,* no qual o próprio Caetano Veloso será autor, diretor e animador de um show em que cada um, mas principalmente ele, queria que tudo saísse de forma esplêndida.

3

O RAIO

Depois veio o raio.

Não exatamente inesperado. Os avisos do desastre pairavam no ar já havia alguns anos. Nos discursos retrógrados que, às vezes, surgiam nas ruas e nos programas de rádio e televisão do país.

No dia 31 de março de 1964, tudo muda. O exército marcha no Rio de Janeiro. Os militares destituem o presidente João Goulart e tomam o poder. O Brasil torna-se uma ditadura. E Caetano Veloso, Maria Bethânia, Gilberto Gil, Gal Costa, mas também Chico Buarque e tantos outros, se veem no meio dessa tempestade.

No meu Caminho de Caetano pessoal, o golpe possui um papel nefasto, mas crucial.

Sem esse evento traumático da história brasileira não conseguiríamos entender por que Caetano torna-se um homem contracorrente. Como ele próprio diz claramente numa canção da maturidade, aquela "Branquinha" dedicada à fantástica Paula Lavigne:

Eu sou apenas um velho baiano
Um fulano, um caetano, um mano qualquer
Vou contra a via, canto contra a melodia
Nado contra a maré.

É o que ele sempre fez. No começo, nadou contra si mesmo. Nunca se viu como músico e, talvez até hoje, ainda pense que está fazendo música um pouco por acaso. Numa entrevista de 1995, chegou a dizer: "Agora sou um cantor de sucesso e não me dou conta disso". Para ele, a música – em casa e fora dela – é Maria Bethânia.

Nara Leão, que em seguida será amiga dos dois irmãos, chama a jovem Maria Bethânia, futura deusa sagrada da música brasileira, para participar de seu show no Rio. Maria Bethânia deixa todos boquiabertos com sua voz. A própria Bethânia, que no começo nem queria se mudar para Salvador, ainda estava muito apegada à saia da mãe, na sua Santo Amaro da Purificação. Caetano não só convenceu a irmã a dar esse passo, como também abriu para ela o paraíso do teatro e do cinema. Foi a intensa vida cultural, o estar sempre expostos às maravilhas, histórias e vidas extraordinárias que levou uma garota tímida a se transformar num cisne.

Com quase dezoito anos, Maria Bethânia, que tinha se despido de toda insegurança, se transformou numa mulher de personalidade forte. Caetano muitas vezes fala que Maria Bethânia "é impressionante" e que aquele primeiro sucesso da irmã mudou a vida de todo o grupo de amigos. Naquele período, ele mesmo se torna famoso graças à Maria Bethânia.

Uma canção dele, "É de manhã" (que até hoje nunca falta no repertório dos shows dela), bate todas as paradas de sucesso. E outra canção dele, "Boa palavra", que escreve para Maria Odette, estreia no II festival de Música Popular da TV Excelsior, ficando em quinto lugar.

Caetano Veloso, que queria ser pintor e diretor de cinema, se vê catapultado, sem querer, no mundo da música. Cantar sempre o fez feliz, mas não acreditava, nem nunca teria imaginado, que graças à música ele teria também conquistado o pão de cada dia e que, também graças a ela, que ele chama de amiga generosa, se colocaria em apuros.

Era 1968 e os jovens acabaram em apuros. Era quase uma predestinação, tanto na Europa como na América Latina.

Era 1968 também no Brasil. E que 1968!

Eu sou da geração nascida em meados dos anos 1970 do século passado, uma geração que viveu pouca contestação social. Comparando com os nossos pais, íamos para as ruas sem muita noção. Saímos às ruas em Gênova para protestar contra a guerra no Iraque, a guerra nos Balcãs ou para protestar contra a Ilva de Taranto[10]. Tentamos, mas a decepção e a repressão ganharam (sobretudo depois de Gênova e da morte de Carlo Giuliani), e nos tornamos uma geração de precários, tanto nos sentimentos quanto no trabalho. Quando era jovem, eu sentia que faltava algo no meu modo de estar no mundo, me sentia incompleta. Eu ia às ruas, claro que ia. Eu estava lá, com a minha bela bandeira da paz, com um santinho do Gramsci e muita vontade de gritar para o mundo: eu existo, eu estou aqui. Mas com o tempo, éramos sempre os mesmos nas praças, nas manifestações, nos *sit-ins*. Poucos, idealistas, sonhadores. Mas éramos sempre nós, com os nossos rostos impassíveis como as máscaras da Roma imperial. Por que éramos tão sós? Onde estavam os outros? Estavam todos em frente à televisão? Para onde tinham ido? Nos sentíamos uma multidão, mesmo não sendo. E posso garantir que não nos fal-

10 A autora refere-se aqui aos acontecimentos e protestos, extremamente violentos, ocorridos contra a reunião do G8 em Gênova no mês de julho de 2001. Houve um grave abuso por parte da polícia italiana, muitos manifestantes foram agredidos, o estudante Carlo Giuliani foi morto por um policial. Quanto ao Iraque, refere-se à intervenção norte-americana após o 11 de Setembro, e à guerra nos Balcãs na década de 1990. Ilva é uma empresa mineradora italiana. Uma das principais áreas de mineração da empresa é a cidade de Taranto. Em 2012, a Ilva foi acusada de provocar um desastre ambiental doloso, de envenenamento e de omissão dolosa de medidas de prevenção de acidentes de trabalho. [N. T.]

tavam batalhas para enfrentar. Mas já não havia resistentes. Ou se havia, se furtavam dos olhares dos vizinhos. Esses pensamentos me afligiam a cada marcha Perugia-Assis,[II] a cada pedido de canais humanitários para os imigrantes, a cada mulher que morria por abortar clandestinamente. Por muito tempo, eu me senti impotente, em uma muda e desesperada resignação. Agora, sinto-me uma mulher mais forte, mais segura. Pois a luta, em parte graças às novas tecnologias, conseguiu encontrar outros caminhos em mim.

Caetano Veloso foi o primeiro que me ensinou que lutar pelos próprios direitos e pelos direitos dos outros não é apenas possível como também necessário.

Ele foi um guerreiro! Dizem que ele inventou (mas não sozinho, é claro) o Tropicalismo. E quando um regime despótico respondia com canhões, Caetano enfiava na boca dos canhões as flores de uma canção de vanguarda.

Explicar a relação de Caetano Veloso com o movimento tropicalista não é fácil, talvez porque, mais do que um movimento, o Tropicalismo tenha sido uma estação. Uma esplêndida e luminosa estação de contestação e arte da qual ele foi um dos propulsores.

O Tropicalismo foi jovem em sua essência, animado por pessoas que entraram na idade adulta entre o final dos anos 1950 e começo dos anos 1960. Eram jovens expostos à modernidade da arte daquele tempo. Ouviam-se Beatles, Rolling Stones, Bob Dylan e Jimi Hendrix, misturando-os com o que estava sendo produzindo de mais puro e surreal naquele

II A Marcha pela Paz Perugia-Assis é um ato do movimento pacifista italiano. Ocorre entre setembro e outubro e a cada dois ou três anos faz o percurso de 24 quilômetros entre as duas cidades. [N. T.]

momento no país. Não por acaso foram recuperados os modernistas, particularmente Oswald de Andrade e o seu *Manifesto Antropófago* (de 1928). A ideia de canibalismo era perfeita para os jovens brasileiros dos anos 1960. Eles devoravam tudo, escutavam de tudo, não havia barreiras entre os gêneros. Havia uma passagem contínua, uma contínua digestão, que tornava possível colher não somente as tendências ultramodernas que chegavam da Europa e da América do Norte, mas também recuperar uma parte da própria brasilidade negada. De fato, uma característica dessa época foi o olhar arqueológico dos artistas. O Brasil dos índios, o país profundo, a Amazônia, foi incorporado, estudado, amado e transformado em seu, feito próprio.

Era também a negação de um Brasil elitista, do qual esses jovens não se sentiam parte. Estavam em ebulição e eram exuberantes, tinham decidido mudar o mundo com o entusiasmo e a razão, mas encontravam-se numa situação dificílima, uma ditadura militar impiedosa e retrógrada.

Os militares queriam impor uma visão conservadora do país, um Brasil branco e burguês que nunca havia existido de fato.

Chico Buarque, em sua famosa canção "Apesar de você", manifesto contra o regime, disse, não por acaso:

Apesar de você
amanhã há de ser outro dia
Eu pergunto a você
Onde vai se esconder da enorme euforia
Como vai proibir
Quando o galo insistir em cantar.

Esse galo mencionado por Chico Buarque já havia cantado. A bossa nova tinha mudado o Brasil mais do que qualquer outra coisa. De uma hora para outra, um país pouco conhecido, no qual plantava-se e colhia-se o cacau para o chocolate suíço e o café para os *espressos* italianos, tornou-se música em estado puro. Meio mundo começou a se apaixonar por aquele jazz desafinado que entrava no coração como uma pistola calibre 44. João Gilberto e os grandes mestres Antônio Carlos Jobim e Vinicius de Moraes tinham dado ao Brasil um novo Renascimento.

O país, desde o final dos anos 1950 até o final da década de 1960, viveu em constantes montanhas-russas. Tudo era novo. Tudo era arte. Basta pensar na *Poesia Concreta*, que floresceu em centros hiperurbanos como São Paulo. Essa neovanguarda poética proclamava o nascimento de uma poesia útil, uma poesia que fincasse raízes na periferia. Além disso, graças à Bienal de São Paulo, muitos artistas começaram a encontrar espaço para as suas criações surreais. Foram anos de vitalidade que a ditadura não conseguiu deter, mesmo porque os jovens que debutavam na arte haviam absorvido demasiada modernidade para poderem voltar atrás. Nenhum deles abaixaria a cabeça com facilidade. A missão era olhar para a frente, não se deixar engolir por aqueles que queriam um Brasil ordenado e vazio. O Tropicalismo combatia o bom gosto: destruir aquele sistema de hipocrisias cruzadas era um objetivo primário. Quando Roberto Carlos e seus colegas roqueiros da *Jovem Guarda* foram atacados por usar ieieiê demais em suas canções, Gilberto Gil e Caetano Veloso ficaram imediatamente ao lado deles. O que não era tolerado pelos jovens era que se proibisse algo em nome do bom gosto e das tradições brasileiras. Não por acaso, a palavra de ordem do Maio de 1968 na França, "é proibido proibir", virou também o *slogan* dos jovens tropicalistas.

Naquele período, Caetano Veloso e Gilberto Gil sentiam-se estimulados por tudo e por todos. Durante uma viagem a Pernambuco, Gilberto Gil havia visto de perto a pobreza do interior do Brasil, mas também a potência expressiva do seu povo tão ignorado, porém orgulhoso. Ficou atônito com a Banda de Pífanos de Caruaru, com o seu uso das flautas e outros instrumentos de sopro.

Foi então que os dois amigos baianos começaram a formular a ideia embrionária do movimento que, com sua energia avassaladora, contagiou toda uma geração.

Um dos momentos mais exultantes da vida de Caetano Veloso foi certamente quando ele se apresentou no palco do Festival da TV Record cantando "Alegria, alegria":

Caminhando contra o vento
Sem lenço e sem documento
No sol de quase dezembro
Eu vou...

É o hino de um homem corajoso, que encara o futuro e não tem medo da ordem estabelecida. Um hino subversivo e anarquista que poderia valer até hoje para aqueles que pedem asilo e buscam uma passagem pelo muro da fortaleza Europa, por exemplo. A fortaleza que Caetano tentava atingir era outra, também resistente: a ditadura; para abrir alguma fenda, ele decidiu enfrentar a batalha sorrindo. Para poder ser escutado pelo poder militar e burguês que estava esmagando o país, escolheu um ringue singular: o palco de um festival de música popular. Sua ideia era se apresentar com uma música idealmente inspirada pela marchinha subversiva de Chico Buarque, "A banda".

Caetano Veloso, com "Alegria, alegria", e Gilberto Gil, com a comovente canção "Domingo no parque", armaram uma cena e tanto. Caetano apareceu com seus cabelos encaracolados, uma jaqueta sóbria e esportiva e, não contente, trouxe consigo uma banda de rock. Sim, uma banda de rock! Os argentinos do Beat Boys, de cabelos longos, blazers ao estilo dos Beatles, som elétrico e muitos ieieiês resumiam tudo aquilo que o regime odiava: tudo era de mau gosto, eles não faziam música pura e tradicional brasileira, seus ieieiês doíam nos ouvidos da ditadura. Não se tolerava uma barbárie dessas num Brasil cândido e branco. Caetano, que não compartilhava dessa ideia de Brasil, impressionou a todos, mas sobretudo a si mesmo, com a sua apresentação. E o mesmo fez Gilberto Gil, levando consigo o grupo de rock brasileiro Os Mutantes. A participação de Caetano agradou, mas foi permeada de tensão. Ele também estava embebido da adrenalina daquele dia. Tinha tanta vontade de cantar, de impressionar, de chocar, que apareceu no palco mesmo antes de anunciarem seu nome. Naquele momento, o caminho para ele era claro: a música se tornou política e a política, música. Sem fazer cerimônia, ele mesclava os Beatles de *Sgt. Pepper's Lonely Hearts Club Band* com Dorival Caymmi. Junto com seus colegas de música e de luta, tentou organizar aquele movimento, que já o via no centro da cena.

O nome da temporada, é preciso dizer, é só em parte ligado a Caetano Veloso. O Tropicalismo não era exclusividade da música, já que avançava também nas artes figurativas, no cinema e, em geral, em todo tipo de representação artística.

Há duas "Tropicálias" a serem consideradas. De um lado, há a instalação de Hélio Oiticica montada no Museu de Arte Moderna do Rio de Janeiro em 1967; de outro, a canção de Caetano que os fãs do mundo inteiro adoram de forma quase visceral.

Hélio Oiticica, como muitos artistas da época, estava exposto à modernidade e aos produtos que questionavam a mera figuração ou representação do real. Para ele, a recusa do quadro na tela e a participação do espectador eram fundamentais. A arte, se não fosse coletiva, não faria sentido. Eis porque, na instalação *Tropicália*, a performance previa um ambiente que remetia a uma favela, mas também à Amazônia, com papagaios e trepadeiras, à fauna e à flora do Brasil que se misturavam às imagens de uma televisão ligada. E passava-se de um ambiente para o outro através de uma zona de escuridão, solidão, medo. Não por acaso, essa mesma estrutura também aparece na canção-manifesto de Caetano Veloso, "Tropicália".

Aqui também há vários Brasis que se misturam, aqui também há sonoridades ancestrais, aqui também há utopias de modernidade apresentadas como fetiches falsos, quimeras vãs. Caetano Veloso evoca Brasília, a capital do porvir, que deveria funcionar como uma ligação entre os brasileiros, mas que terminou por ser uma catedral no deserto, um centro burocrático que nunca apagará a vergonha de ter sido ligada à ditadura. Um modelo desconcertante condenado por Caetano e outros tropicalistas. A modernidade, parece dizer a canção, está noutro lugar. Não são vocês, nunca será. E, num jogo paroxístico, mistura citações cultas com a cultura pop: num momento passa-se da carta de Pero Vaz de Caminha, enviada em 1500 ao rei de Portugal para dar notícias do "descobrimento" do Brasil, à Carmen Miranda despida de sua essência de vedete para se tornar um ícone pop e *queer* do novo movimento. Cita tudo e o reverso de tudo. É um cantador de histórias, mas também um militante. Entre sonoridades dignas de uma bacanal e violoncelos que teriam agradado ao deus Pã, muda constantemente de ritmo. Essa música parece quase um aviso, algo que lembra o grito dos imigrantes ilegais na luta pelos direitos humanos nos EUA, *aquí estamos y aquí nos quedamos*, aqui estamos e aqui ficaremos. À nossa maneira.

Caetano Veloso tomou uma posição. Com Gilberto Gil, se expôs mais do que todos, apesar de o grupo estar bem fornido. Há Maria Bethânia, que nunca deixa o irmão sozinho, há Rogério Duprat, o mago dos arranjos, há Torquato Neto, que carrega toda sua poesia, e há também as companheiras e os companheiros de luta como Gal Costa, Nara Leão, Os Mutantes, Tom Zé.

São como um escudo protetor para Caetano Veloso e Gilberto Gil. São eles que, com a força do grupo, possibilitam que os dois amigos sejam ainda mais visionários e sonhadores.

Sem o grupo, sem o estar junto, não é possível entender o Tropicalismo. É a amizade que faz a diferença.

Só assim é possível entender um disco como *Tropicália ou Panis et Circencis*, autêntica bomba atômica jogada sobre o *establishment* que sufocava o país. Um grupo de amigos soube dizer não.

Um disco-manifesto coletivo que significou uma explosão de energia num país que estava perdendo o rumo da democracia. Nesse álbum, confluíram a transgressão e o ânimo jovem de todo o Brasil. Ouvindo-o agora, temos a sensação de embarcar numa máquina do tempo. Há músicas como "Enquanto seu lobo não vem", que cita "A Internacional", ou a impetuosa "Bat macumba", que nos faz respirar o espírito militar daqueles tempos. Tudo parece um tapa na cara do regime. Todas as faixas, sim, à exceção talvez de "Baby". Uma faixa doce sobre um amor que floresce, sobre uma cidade tropical onde tudo pode acontecer. Parece a trilha sonora de um filme da *nouvelle vague*. A melodia dessa trama encantada é tão leve, parece ter a consistência das nuvens no céu, é um enlevo. Caetano escreveu-a para Gal Costa e, para ambos, a música é um cavalo de batalha, uma etapa obrigatória em cada show. E para mim, aquele retomar, no final, de Paul Anka e a sua "Diana" é uma saída maravilhosa. Com o poeta, dessa vez, não está "Diana", e sim uma baiana lânguida que Caetano viu numa praia enquanto ela, quem sabe, se penteava. Digo pentear-se porque noutra canção, "Beleza pura", que virá anos depois, numa outra época do Brasil e de Caetano, ele irá se perguntar como é que se penteiam as mulheres negras, as mulheres negras da Bahia.

"Baby" é uma canção lânguida, doce, sensual, é a canção de um novo Brasil que deseja florescer e não morrer sob uma ditadura ignorante. E me conduz, com leveza e *pathos*, para outra canção: "Irene".

Aqui também, no centro de tudo, há uma mulher jovem, alegre e inconsciente. É Irene, irmã de Caetano Veloso. A Irene do sorriso contagiante, que Caetano gostaria de rever, mas não pode, pois está preso. De fato, essa balada melancólica é escrita por Caetano de uma só vez, na prisão. Está sozinho, no escuro, a cabeça cheia de pensamentos tétricos. Gostaria de um pouco de sol, alguma luz, uma pequena galáxia toda para si. Gostaria de rever o sorriso de Irene, mas o regime colocou-o detrás das grades. Ele esticara demais a corda, segundo os militares, e por isso devia ser punido.

O pretexto para a prisão chegou numa noite de Dezembro de 1968.

Na boate Sucata, no Rio de Janeiro, Caetano Veloso, Gilberto Gil e Os Mutantes organizaram um dos shows mais radicais que o Brasil já tinha assistido. Naquela performance, tudo era extremo, parecia ter sido organizado para contrariar o regime. Os sons eletrônicos das guitarras ao estilo de Jimi Hendrix, as palavras de fogo e também a instalação do artista Hélio Oiticica com o seu lema antológico – "Seja marginal, seja herói" – tudo era uma provocação artística. Na verdade, a instalação de Oiticica ficava num cantinho, quase escondida.

Ela dialogava com o show, mas também preservava a sua autonomia. O show foi considerado um dos mais bonitos de todos os tempos, pelo menos pelos poucos sortudos que puderam assisti-lo. Logo se ouviu um eco também do lado de fora da boate. Murmurava-se a respeito de certa "bandeira" que aparecera no palco, ainda que ninguém soubesse explicar direito qual era a sua função. A palavra começou a circular de boca em boca, todos falavam da bandeira. Se o desfecho não tivesse sido trágico, haveria motivos para boas risadas. A história da Sucata sempre me lembrou a anedota da galinha que perde uma pena. De boca em boca, aquela pena solitária se multiplica, e as penas perdidas são duas, três, quatro, dez, até que a anedota volta sempre para galinha do começo em que alguém fala de uma pobre galinha depenada. O mesmo aconteceu com a bandeira. A história, infelizmente, chegou até um radialista e apresentador de São Paulo de tendência fascista, que transformou o inofensivo pedaço de pano do show na bandeira brasileira e acusou abertamente Caetano Veloso e Gilberto Gil de difamação à bandeira e ao hino nacional. Acusação muito grave que foi encampada pela junta militar: os dois compositores foram presos.

Não obstante os testemunhos a favor deles, Gil e Caetano ficaram presos por quase dois meses. Depois, foram presos novamente em Salvador.

Antes da prisão, Caetano Veloso sentia ter uma missão, pois o Tropicalismo era para ele uma razão de viver mais forte do que todas as outras. Isso, naturalmente, trouxe-lhe mais do que um inimigo, não só entre os apoiadores do regime, mas também entre alguns estudantes de esquerda que, em teoria, estariam do seu lado e contra a ditadura que estava engolindo o país inteiro.

Um mar de ideologia e resistência cultural criara uma divisão entre ele e os estudantes. Em Caetano, tudo era excessivo, tudo era ruptura. Os estudantes de esquerda, esclerosados por ideologias e tradicionalismo, nem sempre conseguiam entendê-lo. Muitos, tanto à direita quanto à esquerda, não gostavam de sua forma excêntrica de se vestir e do seu ar de intelectual. Eram muitos os que detestavam as letras de suas canções, pois as consideravam pouco engajadas. Em outras palavras, rotulavam suas canções por serem melosas, sem espinha dorsal. Caetano não se importava com o que as pessoas diziam sobre ele. Nunca pensou em se alinhar às ideologias que queriam lhe costurar a roupagem de intelectual engajado à moda antiga.

Tinha um ideal mais alto, uma missão a ser cumprida, e por isso decidiu participar de uma das mais tradicionais manifestações do Brasil na época. Queria surpreender, dar uma sacudida em seu país que parecia condenado a uma longa letargia de ideias. Foi participar do Festival Internacional da Canção com "É proibido proibir", canção que retomava o slogan do Maio de 1968 na França. A letra era um claro manifesto de protesto, em certa medida como outras letras do Tropicalismo, mas foi o som que fez a diferença. Ele tentou ultrapassar musicalmente uma fronteira que jamais havia sido explorada no Brasil.

A canção era uma mistura eletrônica temperada com sons enlouquecidos de guitarra e ruídos gravados nas ruas. Ele se fez acompanhar pelos Mutantes e aquele som era algo nunca antes experimentado. A música, graças ao voto do público, passou pela seleção, mas foi contestada na última noite do festival. Caetano foi vítima do clássico arremesso de legumes, para não falar das vaias que acompanharam a apresentação.

Ele não levou aquilo numa boa, mesmo porque aqueles contestadores não eram só pessoas do regime. A maioria eram seus coetâneos, estudantes universitários, pessoas de esquerda que, da boca para fora, se diziam contra a ditadura, mas num show não o apoiavam. Sua reação ficou na história da música e dos costumes. Irritou-se tanto que gritou: "Mas é isso que é a juventude que diz que quer tomar o poder? [...] Vocês querem controlar a música brasileira como os policiais"[12].

A noite ferveu, uma das mais ferventes dentro de uma manifestação das mais tradicionais do país. Gil-

12 Tradução da citação da autora. O discurso pode ser lido e ouvido na íntegra nessa plataforma: http://tropicalia.com.br/identifisignificados/e-proibido-proibir/discurso-de-caetano. [N. T.]

berto Gil o apoiou. Não o abandonou nem mesmo naquela circunstância. Os dois não eram apenas amigos, mas também combatiam do mesmo lado da barricada. Podiam contar um com o outro.

Caetano, louco de raiva, continuou seu discurso dizendo: "Sabe como é? Nós, eu e ele, tivemos coragem de entrar em todas as estruturas e sair de todas. E vocês? Se vocês forem... se vocês, em política, forem como são em estética, estamos feitos"[13].

Caetano estava contra o mundo.

Por isso, após a sua prisão, só pôde contar com os afetos verdadeiros. Estava encurralado, por um lado, pelo regime que o detestava, por outro, por uma esquerda que não o apoiava. O que fazer? A única solução naquele ponto parecia o exílio.

E de fato foi.

13 Optamos pela transcrição do trecho da fonte citada na nota 14. [N. T.]

4

O EXÍLIO

Como hoje acontece com muitos eritreus que fogem de um regime militar violento, Caetano e Gil, com uma trouxa nas costas e a morte no coração, também se viram obrigados a deixar o seu tão amado Brasil. O destino escolhido foi Londres. Não foram os únicos que escaparam: Chico Buarque de Holanda também se refugiou em Roma por pouco mais de um ano.

Como provocação, postei há alguns meses no Twitter uma foto de Gilberto Gil e Caetano Veloso na Trafalgar Square. São jovens, lindos e se abraçam. Caetano veste um lindo casaquinho de pele e tem os cabelos emaranhados. Um véu de tristeza cobre os seus belos olhos. Gilberto Gil, ao contrário, parece mais forte, ou finge sê-lo. Esboça um sorriso que não sente por dentro. Abraça o amigo. Tem o ar de Malcolm X ou Sidney Poitier pronto para alçar voo sabe-se lá para onde. São extravagantes e extremamente políticos. Postei essa foto e escrevi: dois refugiados.

Porque de fato o eram.

Eram como tantos Mohamed que fogem da Síria, como tantas Tezetá que não podem ficar na Etiópia. Hoje, como naquele momento, há quem roube os sonhos aos jovens.

Nenhum dos dois, nem Gilberto Gil nem Caetano Veloso, sabia se voltariam para casa. Caetano pensava todas as noites na sua casa de Santo Amaro da Purificação, na mesa de Dona Canô, no sorriso de Irene, na voz de Maria Bethânia. Todas as noites, pensava nos amigos, Gal, Tom, Torquato. Todas as noites sonhava com Dedé, que começara a amar desesperadamente. Toda noite, toda maldita noite, esperava poder voltar ao seu Brasil, à sua Bahia, à sua pequena Santo Amaro da Purificação, à sua casa, perto da sua mãe e do seu pai.

O seu olhar naquela foto na Trafalgar Square é algo que me dói por dentro. Vi aquele mesmo olhar tantas vezes nos olhos aflitos dos meus pais, também exilados, com o mesmo medo de não poder voltar.

Naquele período, Caetano se mantinha somente com os direitos autorais que Dona Canô lhe enviava com zelo. Estava muito deprimido e, durante um ano inteiro, se afastou da música. Ao contrário de Gilberto Gil, que apesar de tudo, reagiu bem à mudança, Caetano Veloso sentiu-se completamente esmagado. Tudo era difícil naquela sua nova situação, até mesmo conseguir retirar o dinheiro que a mãe lhe enviava era uma peripécia titânica. Não era possível transferir muito dinheiro em espécie do Brasil, então, toda vez, Caetano (e Gil também) precisava da ajuda de alguns laranjas. Sua vida se tornara uma corrida com obstáculos.

Há também um álbum do período londrino, um dos dois álbuns do exílio, que separo entre os meus preferidos. Se eu tivesse de fugir desse mundo e se pudesse salvar somente um objeto, eu levaria comigo *Transa,* que Caetano Veloso lançaria de volta à sua pátria. É o seu segundo álbum londrino. O primeiro chama-se simplesmente *Caetano Veloso* (como muitos outros), e era um álbum melancólico, desolado e triste. Apesar do *look* psicodélico (Caetano não usava drogas, aliás, detestava-as), vê-se que finge não estar mal, tenta se manter para cima. No entanto, a música é honesta, a música não é capaz de enganar. Ainda que tenha mimetizado os ingleses, com os seus casacos de pele na última moda, com a barba por fazer, típica da contracultura, com os cabelos encaracolados e armados, trazia a morte no coração.

Claro que são anos de descoberta: ele e Gilberto Gil conhecem o reggae em Notting Hill e ficam enfeitiçados, mas o Brasil é pura saudade, a nostalgia pela terra perdida lhes faz perder a razão. Não por acaso, Caetano começaria por lá suas primeiras sessões de psicanálise. Também tentará se distrair, mas a tristeza não o abandona. Basta ouvir uma canção como "London London" na qual ele fala de "grama verde, olhos azuis, céu cinza"[14], para perceber que nessa balada lenta e um tanto deprimida há um homem encurralado, um homem que não sabe bem o que fazer.

Ai, como eu o entendo bem. Minha mãe também se viu nessa situação, tinha deixado três filhos pequenos na Somália com a irmã e não sabia como ir até eles sem arriscar sua pele. Apesar dos esforços para ser feliz, apesar de se esforçar por mim, os seus olhos estavam sempre repletos de lágrimas. Repletos daquela terra somali que a ditadura lhe havia arrancado.

Eis porque, para mim, aquele primeiro álbum do exílio é difícil de ouvir.

Reconheço aquela dor e, confesso, sinto medo. Por isso, prefiro *Transa*. Ali há uma atmosfera mais descontraída, uma lufada de esperança. Caetano sabe que o exílio não irá durar para sempre.

Em *Transa*, ele consegue invocar o melhor do seu Brasil para amalgamá-lo com o que Londres soube lhe oferecer de melhor. Há nesse álbum a primeira tentativa de reggae brasileiro. Adoro quando ele canta "Nine out of ten", parece que estou acompanhando-o pela Portobello Road, descobrindo aquela Jamaica do reggae que mudou o mundo. E como ele, eu também choro na sala escura de um cinema: *"Nine out of ten movie stars make me cry"*, confessa sincera-

14 Citação da letra de "London London": "Green grass, blue eyes, gray sky". [N. T.]

mente, nove de cada dez estrelas do cinema me fazem chorar. Um álbum em que Dylan dialoga com o berimbau, em que o rock se transforma em bossa nova e o português dialoga com o inglês. Um álbum filosófico, no qual Caetano vai além, vai em direção a um lugar onde nunca esteve, ao Brasil da sua imaginação. Um Brasil seu, só seu.

Um Brasil que, no entanto, lhe foi negado, lhe foi arrancado sem piedade.

Elis Regina, mãe guardiã e mãe espiritual do país, em "O bêbado e a equilibrista", uma das canções mais lindas do seu repertório, escrita por Aldir Blanc, com música de João Bosco, diz que:

A esperança equilibrista
Sabe que o show de todo artista
Tem que continuar.

A frase parece descrever Caetano em Londres. Um homem agrilhoado num país que não sente como seu, numa vida que não gostaria de viver. Mas essa esperança equilibrista, de fato, como bom artista circense, empurra-o para a ação. Empurra-o para a música.

E é essa a ação que escuto em cada faixa de *Transa*. Quase sinto o cheiro do oceano, a areia, o candomblé, a loucura do carnaval de Salvador, sinto o cravo, sinto a canela, sinto o abacaxi. Sinto o Brasil inteiro, aquilo que Caetano busca sempre, nas entrelinhas, naquilo que há de mais recôndito em uma vogal.

Mas *Transa* se alimenta também de um Brasil feito de carne e sangue, de suspiros e lágrimas. Há nesse álbum aquela breve viagem a Santo Amaro da Purificação, à pátria, que o cantor conseguiu fazer apesar da sua condição de exilado. Foi Maria Bethânia, a sagrada Maria, bendita seja entre as mulheres, quem pediu aos militares uma espécie de salvo-conduto temporário para o amadíssimo irmão. Era o aniversário de casamento dos pais, mais exatamente o quadragésimo daquelas bodas de sorte, e Bethânia solicitou que o irmão pudesse comparecer a uma pequena comemoração familiar. A possibilidade de uma resposta positiva, por parte da junta militar, era bastante remota; porém, a ausência de Caetano não passava despercebida no Brasil e muitos artistas mobilizaram-se em favor dele.

Roberto Carlos dedicou-lhe abertamente uma canção, a emocionante "Debaixo dos caracóis dos seus cabelos":

Um dia a areia branca
Seus pés irão tocar
E vai molhar seus cabelos
A água azul do mar
Janelas e portas vão se abrir
Pra ver você chegar
E ao se sentir em casa
Sorrindo vai chorar
Debaixo dos caracóis dos seus cabelos
Uma história pra contar de um mundo tão distante
Debaixo dos caracóis dos seus cabelos
Um soluço e a vontade de ficar mais um instante
As luzes e o colorido
Que você vê agora
Nas ruas por onde anda
Na casa onde mora
Você olha tudo e nada
Lhe faz ficar contente
Você só deseja agora
Voltar pra sua gente

João Gilberto certamente não havia esquecido seu pupilo. A televisão o queria e ele deu um ultimato: depois de quase dez anos de ausência, participaria de um programa, desde que Caetano Veloso participasse com ele.

Apoio, pelo menos, não lhe faltava. As possibilidades de que aquela operação desse certo eram poucas, mas na vida, às vezes, se abrem brechas inesperadas, e foi isso que aconteceu com Caetano Veloso. A amada Bethânia e o sumo sacerdote João Gilberto operaram o milagre: os militares disseram sim e a autorização foi concedida.

Imagino a emoção do jovem Caetano com a perspectiva de rever a família, a sua casa, a sua Santo Amaro da Purificação. É óbvio que foi uma viagem e tanto, e ele estava sob observação o tempo todo. Não lhe era permitido fazer quase nada, nem mesmo cortar o cabelo. Participou de dois shows na Rede Globo, um comandado pelo Chacrinha e também do *Som Livre Exportação*. O regime tentou capitalizar a situação e aproveitar a presença de Caetano no país para mostrar que, no fundo, tudo seguia normalmente, que eles não eram monstros; pelo contrário, queriam se passar por magnânimos, pois permitiam que um célebre rebelde se exibisse em público. Porém, quase ninguém acreditou naquela pantomima, todos sabiam o quanto Caetano estava sofrendo. Apesar de sua mobilidade limitada e do controle asfixiante, aquele foi um parêntese importante, e por instantes até um pouco feliz para ele. Rever os pais, a casa arrumada para a festa, receber todo aquele calor, todos aqueles beijos, foi um verdadeiro bálsamo para o seu coração ferido. Em Londres, estava sempre mal-humorado, lá chovia demais e tudo lhe parecia pequeno, o olhar não se perdia nos horizontes infinitos como no Brasil, o espaço na Europa era limitado, estreito, quase claustrofóbico.

Evidentemente, Londres havia lhe dado muito, não somente o reggae: eram os anos dos Beatles e dos Rolling Stones, da cultura hippie, do *underground* e das contestações em que a palavra amor era explorada de todas as formas. Eram anos ricos de estímulos aos quais era impossível passar incólume. Mas o Brasil era uma outra coisa. Era a casa, era a pele, era o sangue, era os pensamentos, era a alma, era o fígado, era o coração, era tudo. Naqueles dias, a revista *O Cruzeiro* fez uma matéria sobre a breve viagem de Caetano ao Brasil cuja manchete era: "Caetano de volta à Bahia: 'Prefiro viver aqui'". Era verdade, naqueles poucos dias tudo foi muito intenso, cada abraço tinha um valor, um peso particular. E foi naquele clima que Caetano decidiu ser pai. Não imediatamente, mas foi então que a ideia tomou conta dele como nunca antes. Não pensara nessa possibilidade antes do exílio, pelo contrário, achava que jamais iria conceber um ser humano. Mas aquele clima, aqueles militares que sufocavam, aquele medo que tinha com relação a si mesmo, mas principalmente a sua família, fez com que mudasse de ideia. E com Dedé, ela também completamente despreparada para a maternidade, decidiu preparar a fabricação de um futuro Veloso para superar, com o amor, a tempestade daquele tormento chamado ditadura. Moreno Veloso, hoje em dia também compositor como o pai, nasceu poucos anos depois daquele período de tumulto. Do mal, às vezes, nasce o bem.

Nas fotos daquela viagem, Caetano tem um semblante exausto, a barba comprida, mas, apesar de tudo, irradia beleza. Sabe que uma brecha se abriu, e que não irá se fechar. O Brasil, o seu Brasil, não está completamente perdido. Sente que algo pode mudar e, em *Transa,* aquele pequeno sonho de renascimento explode num turbilhão de sons concêntricos.

Sinto-me atravessada toda vez que ouço "Triste Bahia", uma das canções mais comoventes do repertório velosiano. O berimbau que abre com força a canção me faz imergir naquele Brasil que Caetano deseja mais que uma mulher, e o som percussivo do berimbau continua sua marcha, carregando em procissão as palavras que Caetano parece falar como se estivesse em transe.

A escolha das palavras destaca a originalidade do compositor de Santo Amaro de Purificação, que sabe como dialogar com épocas e estilos distintos.

"Triste Bahia" é inspirada num poema baiano de 1600 de Gregório de Matos, cuja alcunha era "Boca do Inferno", pelos golpes que dava ao poder usando suas sátiras. Em "Triste Bahia", Gregório de Matos criticava o descuido da sua Bahia e a crescente corrupção.

Séculos mais tarde, Caetano desfere seus golpes no governo, usando quase as mesmas palavras do poeta do século XVII. Para ele, é a ditadura que faz com que a Bahia seja triste, a ditadura persegue seus cidadãos. Não por acaso, refere-se ao Mestre Pastinha, responsável pela difusão do candomblé e da cultura africana na região, o qual, devido a essa atividade, estava na lista dos indesejáveis pela ditadura militar. Do verso "Pastinha já foi à África",[15] Caetano sobrepõe devagar suas palavras às de Gregório, misturando as histórias, a raiva e a dor dos brasileiros privados de liberdade.

15 Mestre Pastinha, um dos primeiros grandes capoeiristas brasileiros, defendeu, desde 1940, a vertente artística e não marcial dessa dança-luta que nos anos 1960 levou um festival até o Senegal. [N. A.]

Caetano, apesar da dor, não se dobra ao regime. Não para de cantar suas ideias, permanece coerente, e talvez seja essa coerência que lhe fez superar as adversidades. Na sua história de exilado, chega, como nas melhores fábulas, por fim, o tão aguardado final feliz: Caetano volta para casa, para o Brasil.

Esse final é celebrado no mesmo teatro, o Castro Alves, em que havia se despedido dos seus admiradores e do Brasil, depois da prisão. Havia se apresentando ali com Gilberto Gil, antes de partir para Londres, e aquele mesmo palco o vê protagonista, após o seu retorno, com Chico Buarque, que também havia sido forçado a partir. O destino de Chico fora Roma, sim, *Roma caput mundi*, porque já havia estado lá com a família e conhecia algumas pessoas. Numa foto que se encontra facilmente na Internet, se vê um jovem Chico Buarque acompanhado por Giuseppe Ungaretti, que amava desvairadamente aquele país-mundo chamado Brasil. A cena ocorre numa cantina romana, com uma jarra de vinho diante deles e talvez um prato fumegante de espaguete.

Enquanto Caetano Veloso andava com o Gil entre as barracas da Portobello Road, Chico Buarque é retratado na Fontana di Trevi junto com o cantor e violonista Toquinho ou passeando pelo Fori Imperiali, tentando sufocar a saudade que esmagava a sua alma.

Agora, os dois garotos que o regime queria destruir estavam juntos no palco do Castro Alves, fortes, belos, cheios de energia.

O povo foi ao delírio. O show, que depois se tornou o disco *Caetano e Chico Juntos e Ao vivo*, teve as entradas esgotadas, pois era um acontecimento poder ver de novo aqueles dois cantando num teatro. E não foi somente um grande momento político para o Brasil, mas também um encontro musical importante. No período do Tropicalismo, jornalistas e pessoas do movimento tentaram criar, felizmente sem sucesso, uma rivalidade entre o carioca e o baiano. Uma suposta rivalidade. Nas entrevistas, Caetano sempre dizia: "Chico tem mais talento do que eu". Claro que eles são bem diferentes, sendo o carioca musicalmente mais conservador e o baiano um perene inovador, mas os dois têm uma grande vontade de cantar e cantar a si mesmos. Chico Buarque, ainda que nunca tenha sido um tropicalista D.O.C.[16], se aproxima bastante das entranhas do movimento, daquela mesma sede de renovação estilística e política que sentia dentro de si.

Sem o Tropicalismo, é impossível entender o show que Chico Buarque fez com Caetano Veloso ou um dos seus discos mais famosos, *Construção* (1971). A canção "Construção", que dá título ao álbum, sobre as mortes no local de trabalho (ainda mais atual hoje do que na época), construída por blocos intercambiáveis, não existiria sem o Tropicalismo. É bonito notar o quanto esses grandes artistas contagiavam uns aos outros. Eram vasos comunicantes. Chico Buarque não teria sido o Chico sem Caetano e o mesmo vale para Caetano Veloso: sem Chico Buarque, muito da música de Caetano não conseguiria se impor com a sua força estilística e emotiva. O grandioso show no Castro Alves não agradou ao *establishment,* que não ficou satisfeito principalmente com Caetano, o qual a maioria considerou irreverente e mal-educado. Em Londres, ele ha-

16 *Denominazione di origine controllata* (D.O.C.) é um sistema italiano de garantia de qualidade de produtos alimentícios, aplicado especialmente para vinhos. Na linguagem comum, usa-se essa expressão como no Brasil se diz algo como "de raiz" ou "da gema". [N. T.]

via conhecido a cultura hippie, talvez os ecos do Festival da Ilha de Wight, e certamente tinha participado de numerosos encontros, tendo levado ao Brasil aquela moda feita de calças largas, tamancos, roupas coloridas e cabelos compridos. No palco, um Caetano Veloso coloridíssimo também se jogou numa bizarra imitação de Carmen Miranda que chocou os cidadãos de bem.

Ninguém entendeu a ironia do seu figurino, das suas escolhas ou dos seus gestos, sobretudo aquela boca vermelha, que foi considerada desrespeitosa. Nele sempre residia o espírito do Tropicalismo. Não queria ser um garoto de bons costumes, atento ao bom gosto, ele queria subverter o bom gosto, demoli-lo até as fundações. E o batom naquele show foi uma arma nada má para destruir a hipocrisia dominante. O show no Castro Alves permanece, para mim e para muitos, um encontro musical no vértice entre dois dos melhores artistas brasileiros em cena. Caetano Veloso temperou sua voz, que já se tornara um instrumento refinadíssimo que faz saltar de um registro a outro; Chico Buarque é o poeta da nação, o homem que dá vida aos versos. Do Chico amo (além dos olhos verdes hipnotizantes) a capacidade de descrever o cotidiano e fazer com que seja extraordinário. No álbum, um dos momentos de dar arrepios é quando os dois artistas cantam juntos seus grandes sucessos, "Você não entende nada" e "Cotidiano". As duas músicas que, tomando como centro a rotina e o consumo da sociedade de massas, fundem-se magicamente e tornam-se uma só canção: "Eu quero que você venha comigo ... todo dia" O primeiro verso, "Eu quero que você venha comigo", provém da canção de Caetano Veloso, e o segundo, "Todo dia", da música "Cotidiano", de Chico Buarque. Uma fusão realmente perfeita.

Dois versos antes desconjuntados se unem, duas almas se tornam uma só. Tudo acaba por se amalgamar, o estilo, as palavras, a música, a intenção. E é assim que, num palco de Salvador, Caetano Veloso se torna Chico Buarque e Chico Buarque se torna Caetano Veloso, um milagre belíssimo que, graças ao CD, hoje podemos desfrutá-lo na sala de casa.

Na Internet, são milhares as fotos dos dois juntos. Uma grande amizade os une, percebe-se pelos sorrisos cúmplices, pelos abraços fraternos, pelos repertórios que se aproximam. Em 1986, fizeram juntos até um programa na Rede Globo, chamado *Chico & Caetano*.

O programa, que foi ao ar a partir de 25 de abril de 1986 até o final de dezembro daquele ano, dispunha de um dos horários mais nobres da televisão brasileira, logo após a então novela das oito. Para os brasileiros, as novelas são coisa séria, são assistidas por toda a nação. Especialmente a novela das oito, tanto que o horário após a novela, definido como "Sexta Super", era o horário mais cobiçado, porque a audiência era sempre excelente. *Chico & Caetano* era um programa em que os apresentadores tinham a mais total (e irrestrita) liberdade. A Globo investiu muito nesse programa, rodou tudo no Teatro Fênix do Rio de Janeiro e o público sempre foi muito caloroso. Percebia-se, é claro, que os dois cantores não eram realmente os melhores apresentadores: Chico era muito tímido – e Caetano até tirava um sarro disso de vez em quando – e Caetano brincalhão demais; porém, o programa se tornou uma lenda, sendo ainda hoje lembrado no país pela qualidade dos artistas envolvidos. Há pérolas de rara beleza, como quando Cazuza cantou "Luz negra", de Nelson Cavaquinho. Cazuza, que Caetano definiu como o melhor poeta da sua geração, morreu de Aids em 1990, mostrando pela primeira vez, no Brasil, aquela doença não apenas como um fato privado, mas também como um momento público. E não só Cazuza: foram convidados Maria Bethânia, Astor Piazzolla e o grande Antônio Carlos Jobim. Um dos pontos altos do programa é quando Caetano, Chico e Tom Jobim cantam os seus sucessos, alternando-os uns aos outros. Além disso, os figurinos de Caetano durante o programa são formidáveis, do robe estilo kimono branco com gola alta, passando pelas camisetas regatas lilás e casacos vermelho fogo que Charlie Chaplin aprovaria. Num dos episódios, Caetano aparece com um bigode inédito, não um bigodão ao estilo Bismarck, mas um véu leve que lhe confere um ar de pirata romântico. Está em grande forma e, com Chico, transita do reggae ao samba de Paulinho da Viola, joga-se em saltinhos de coelho e passos de dança. Toda a vontade de viver de Caetano Veloso está naquele programa. Basta ver a sua alegria ao receber Jor Ben Jor e como se joga naquele carnaval musical sem titubear.

Mas voltemos aos anos 1970. Eu sei, são muitos os desvios que nos levam de um ponto ao outro na vida e na arte de Caetano Veloso. Apesar do meu amor pelos desvios, tento seguir a ordem cronológica, porque olhar atentamente os seus álbuns, principalmente nessa década, é importante não apenas para entender a personagem, mas para entender o Brasil como um todo.

5

ARAÇÁ AZUL

Depois do exílio, chegou *Araçá Azul.*

O disco foi o maior insucesso comercial na carreira do artista, não vendeu quase nada e a crítica o massacrou sem piedade. Todos começaram a falar de um artista acabado, destruído, superado, um artista que tinha perdido o rumo, um homem basicamente inútil.

Como Caetano Veloso declara em algumas entrevistas, eu também acredito que esse disco foi importantíssimo para sua carreira musical e humana. Sem *Araçá Azul*, não haveria o Caetano Veloso que conhecemos hoje.

Era um momento especial para ele, que acabara de sair de uma das experiências mais traumáticas da sua vida e retornara à pátria depois de ter se desesperado com a possibilidade de não vê-la nunca mais. É um Caetano que sofreu, que chorou e sentiu uma saudade profundíssima de sua terra, além da esperada, desejada e tão sonhada volta. Um Caetano em que borbulham emoções, sensações e também medos inexplicáveis. E agora, o que fazer da vida? Imagino-o enquanto contemplava a paisagem em busca de respostas, sem encontrar nenhuma que fosse realmente satisfatória. Ele sabe que precisa construir para si mesmo, mas também para quem o seguirá, um novo itinerário, uma vida após o Tropicalismo. Aquela época maravilhosa, cheia de estímulos e perigos, terminara, mas a vida não; ela escorre, continua e deve se reinventar. Caetano Veloso sabe bem disso como homem corajoso (que é) e age de acordo com essa sabedoria.

É um momento crucial, pois ele poderia ter se acomodado naquela glória, como fazem muitos cantores de um sucesso só, poderia continuar reproduzindo aquela magia continuamente, a si mesmo, ano após ano, com anedotas cada vez mais desgastadas e ultrapassadas. Muitos o fizeram. Afinal, por que se esforçar, se basta tão pouco para estar por cima?

Caetano Veloso, assim como Gilberto Gil, poderia viver de renda, mas os dois amigos decidiram voltar ao campo de batalha e viver sua juventude até o fim, sem recuar um centímetro.

Caetano Veloso renasce musicalmente com um álbum que, na época (e até hoje), foi compreendido por poucos, pouquíssimos. Se trancou totalmente sozinho num estúdio de gravação em São Paulo. Sua ideia era começar uma viagem ao cerne da música, sem saber aonde aquela viagem o levaria. Desde então, cada disco seu é uma etapa dessa viagem. O ponto de partida é *Araçá Azul*, um disco experimental, completamente seu. Todos os instrumentos são tocados por ele, todas as letras são escritas por ele, toda a visão provém dele. Tudo é radical neste disco, tudo é revolucionário. A voz de Edith Oliveira (também conhecida como Dona Edith do Prato), uma mulher de Santo Amaro da Purificação, mistura-se com os gritos das ruas, assim como a percussão e o piano, tocados com ossos de animais. A voz de Caetano, límpida, ora se faz sussurro, ora grito. Tudo é estranho e absurdo naquele disco, como se ele tivesse demasiadas coisas a dizer e quisesse dizê-las todas de uma vez. Na época, muitos rotularam o disco como brincadeira esnobe de alguém que não tinha nada para comunicar. Para mim, é exatamente o contrário, ele quer se comunicar com o mundo e, com *Araçá Azul*, procura a voz certa para fazê-lo. O álbum, que foi retirado do mercado e nunca tocou no rádio, foi, porém, fundamental para a cena experimental brasileira. Só foi redescoberto recentemente, depois de ter sido ignorado por tanto tempo. É principalmente a mão de Rogério Duprat, um velho conhecido do Tropicalismo, com os seus arranjos orquestrais psicodélicos, que faz desse álbum uma pequena pérola. Nem todos conseguem abordar *Araçá Azul*, e há quem, ainda hoje, qualifique o disco de inaudível. *In nuce*,[17] há todo o Caetano Veloso que virá e, no fundo, também todo o Caetano Veloso que foi. Uma canção como "Julia/Moreno", por si só, já explica tanta coisa. Dedé carregava em seu ventre um filho desejado desde os tempos do exílio.

Caetano será pai de uma criatura que poderia se chamar Julia, se fosse menina, ou Moreno (como acabou sendo), se fosse menino. Naquela canção, há a experimentação mais desenfreada, há os ruídos ensurdecedores do trânsito de São Paulo, mas há também homenagens musicais a mestres do calibre de um Hermeto Pascoal e do inesquecível mestre de vida João Gilberto. Aquela capa, com um *#caetanodecueca* de sunga vermelha cor de fogo e os cabelos encaracolados e volumosos que encobrem o rosto, marcou uma época. No vinil, há várias fotos de Caetano Veloso, que se olha no espelho e olha direto para a câmera, fazendo assim uma espécie de jogo carnavalesco. Está magérrimo. É retratado na praia, ao seu redor crianças brincam. Ele reflete. Sobre o quê?

Depois do fiasco de *Araçá azul*, chega o filho para aliviar e talvez trazer a sabedoria de que a vida pode ser vivida, se temos a coragem de arriscar, algo que ele já havia feito com aquele disco. Chegou à experimentação mais radical, chegou até uma fronteira. Ultrapassado aquele limite, ele agora pode voltar a uma

17 Locução latina que significa "numa noz", expressão de origem incerta utilizada para expressar "breve", "em suma", "em síntese". [N. T.]

comunicação mais linear. Mas não é que o faz para aderir àquilo que as pessoas esperam dele, foi muito mais o seu caminho musical que o conduziu a essa decisão.

Duas obras-primas são lançadas simultaneamente: *Joia* e *Qualquer Coisa*. Na verdade, Caetano concebeu os dois álbuns como uma coisa só, mas a Philips/Polygram teve medo de arriscar demais após o fiasco de *Araçá Azul*. E decidiu lançar separadamente os álbuns, o que foi considerado uma escolha segura. Trata-se de dois álbuns essenciais, nos quais Caetano Veloso volta às raízes da sua Santo Amaro da Purificação, àquela mistura das culturas africana e indígena em que nasceu. A Bahia é terra dos negros e os sons formados por percussão e flautas dominam ambos os trabalhos. É nesse momento que surge o Caetano com o violão que todos conhecem e que sabe criar, com uma voz que se tornou cada vez mais refinada e penetrante, atmosferas tão íntimas: suas emoções se transformam em nossas lágrimas e em nossos sorrisos. Se *Joia* é mais étnico, mais ligado ao Recôncavo baiano, *Qualquer Coisa* é mais urbano, com talvez uma construção formal mais evidente. Em *Qualquer Coisa*, ele presta uma homenagem à cultura anglófona que tanto o forjou nos anos do Tropicalismo. O tríptico dos Beatles de Caetano Veloso é espetacular. Sem mudar uma vírgula do texto, torna suas aquelas canções. Não é fácil ser tão fiel a um texto e, ao mesmo tempo, subvertê-lo completamente. Mas ele faz isso, e bem. Desse momento em diante, com interpretações que oscilam entre o drama e a intimidade, o cantor de Santo Amaro da Purificação irá nos acostumar às suas versões autorais.

Às vezes, prefiro a versão de Caetano ao original: há duas canções interpretadas por ele que, para mim, assumem um significado novo, quase inesperado. A primeira é "Billie Jean", de Michael Jackson; a outra é "Tonada de luna llena", de Simón Díaz. "Billie Jean" todos nós já dançamos ao menos uma vez na vida, eu os desafio a encontrar alguém que não tenha enlouquecido na pista com essa música. Basta ouvi-la por dois segundos e já estamos de pé fazendo piruetas numa perna só. Talvez só Gloria Gaynor com "I will survive" consiga o mesmo resultado. Michael Jackson nos dava energia, uma arrancada única, aquela voz de criança que poderia estilhaçar em mil pedaços os vidros de casa e o coração, era uma força da natureza, sobretudo naquele álbum — *Thriller* — e principalmente com aquela canção tão mágica. Todos nós amamos "Billie Jean", é impossível não amá-la. E é impossível para os mais jovens não sentir a sua potência. Todos tentaram cantá-la pelo menos uma vez na vida. As versões dessa canção são abundantes, todos tentaram, da Austrália à Nigéria. E todos falharam, porque a voz de Michael Jackson é inigualável.

Só Caetano conseguiu a façanha de tornar sua aquela canção tão famosa, só ele conseguiu descolar uma interpretação original para uma música tão imensa. E como conseguiu? Simplesmente sendo ele mesmo. Quando adentra na canção de outro compositor, Caetano Veloso não tenta papagaiar ou imitar seus movimentos. Ele permanece quem é. Sempre. Assim, "Billie Jean" é prenunciada por um velho samba que diz:

Tava jogando sinuca
Uma nega maluca
Me apareceu

Vinha com um filho no colo
Dizendo pro povo
Que o filho era meu.

A canção de Michael Jackson se torna então uma balada lenta em que um homem nega ser o pai de uma criança que uma mulher carrega em seu ventre. O trágico do fato, ouvindo Michael Jackson, não nos vem à mente. Dançamos e quase não prestamos atenção às palavras daquele homem que enjeita o fruto da sua estirpe. Caetano, ao contrário, articula as palavras, faz com que entrem em nosso peito forçosamente. O procedimento é doloroso, mas é naquela dor que conseguimos realmente enxergar o mundo. Caetano não traduz, reescreve. As suas interpretações de canções de outros autores não são versões, e sim releituras, homenagens, às vezes preces. Faz o mesmo em "Tonada de luna llena", que Almodóvar usa em seu filme *A Flor do Meu Segredo*: Caetano não reverencia o autor da canção original, o venezuelano Simón Díaz, e sim a recria com os seus gorjeios vocais e o seu refinamento estilístico. De música popular venezuelana, a canção se converte praticamente em hino sagrado. Até quando encarou os Beatles em *Qualquer Coisa*, Caetano o fez com grande respeito pelos artistas, mas traindo continuamente a letra e a música. Aprende, aos poucos, que trair é necessário, se há o desejo de se fazer boa música. Impossível ficar ancorado no passado, pois nada é imutável. Nada é para sempre. Nem mesmo a nossa experiência pessoal.

Os dois álbuns são tocantes, ritualísticos, quase místicos.

Sempre achei mágica a canção "A tua presença morena", que está em *Qualquer Coisa*. A canção foi gravada pela primeira vez por sua irmã, Maria Bethânia, num álbum de 1971, *A Tua Presença*, que retomava parte do título da canção composta pelo irmão. Um disco potente que se tornou ainda mais lendário na voz de Bethânia. Quando Caetano gravou a música em 1975, conferiu à sua voz um andamento mais rítmico e hipnótico, quase como se pudéssemos ver o que ele descreve:

A tua presença
Entra pelos sete buracos da minha cabeça
A tua presença
Pelos olhos, boca, narinas e orelhas
A tua presença
Paralisa meu momento em que tudo começa
A tua presença
Desintegra e atualiza a minha presença.

Caetano descreve, assim, um amor absoluto que o abraça como uma manta, que quase não o deixa respirar. O mundo se reduz a uma só coisa: a presença do ser amado. E depois, aquele grito: "*negra, negra, negra*". A presença tem uma cor. Imaginamos uma pele cor de ébano, talvez numa praia, perto de uma palmeira. Voamos nas asas da fantasia e decidimos em quais cenários aquela presença misteriosa e indispensável se manifesta. O amor é uma das leituras possíveis dessa canção. Para muitos, essa canção é das mais sugestivas do repertório de Caetano, uma das mais belas canções de amor já escritas. Eu sempre a amei porque a presença cantada por Caetano tem a mesma cor da minha pele, é mais fácil eu me identificar com ela. Mas há outra possível leitura dessa canção, a que Maria Bethânia confessou para a amiga Nana Caymmi. "Sabe", ela disse para a amiga, "Caetano fez essa canção para Nossa Senhora. A Presença é a Nossa Senhora, bonito, não é?". Nossa Senhora da Purificação era a emanação da Virgem Maria adorada pelos fiéis de Santo Amaro da Purificação, onde Bethânia e Caetano cresceram. A Presença, portanto, é uma presença sagrada, mas nesse caso aninha-se no profano. Para a festa da Nossa Senhora da Purificação, Santo Amaro colore-se com a presença da sua gente. Todos os rituais são acompanhados pelo povo. Um povo africano e índio com as suas próprias divindades.

O sincretismo religioso anima a fé e os rituais de Santo Amaro e de todo o povo do Recôncavo baiano. Caetano Veloso sempre afirmou não ser religioso, mas foi cercado de pessoas de enorme fé por toda a sua vida. Primeiro, a mãe, Dona Canô, com o seu catolicismo; mais tarde, seus filhos, que se tornaram evangélicos. A religião na Bahia não é só religião, e a presença da Virgem é a essência daquele povo e dos seus rituais, algo que une o sagrado e o profano, algo que Caetano não apenas não ignora, mas também retoma para fazer música.

No mesmo disco, há também "Qualquer coisa", que além de dar o nome ao álbum é uma das canções mais conhecidas de Caetano Veloso. Uma canção que cheira a cominho, cravo e canela. Às vezes, parece que estamos em Beirute, esperamos que apareça num triz uma Fairuz gorjeante, Fairuz conhecida como *bul bul Lubnān*, rouxinol do Líbano. O rouxinol aqui é brasileiro, aliás baiano. E, como se não bastasse colocar o oriente e suas especiarias, mistura-o com um pouco de flamenco e algum *nonsense*. A canção poderia ter mil significados ou talvez nenhum. Não importa, não é as palavras que seguimos, e sim as perfeições harmônicas que nos comovem. Roberto Carlos sempre disse que gostaria de ter escrito "Qualquer coisa" e, brincando, deu uma bronca em Caetano por não ter dado a ele aquela canção.

É uma fase densa para Caetano Veloso.

Tendo sobrevivido à fúria do Tropicalismo e, também, ao fiasco de *Araçá Azul*, ele parece retomar as rédeas de sua vida com esses dois álbuns. Como se, depois de tanta política, tanta dor, depois de esconder-se dentro de si, ele tivesse renascido numa nova condição e num corpo novo. Quer voltar a se comunicar com o público; aliás, quer refletir junto aos que o acompanharam, na sorte e no azar. No entanto, não para de brincar. Aos dois álbuns se seguem um manifesto virtual e um movimento inventado, como que para afirmar que a força de renovação do Tropicalismo havia se exaurido, mas que ele permanecera, que Gil permaneceu, que quase todos permanecemos. Que nos sigam, apesar de tudo. Porque cada ato, cada respiro deve ser considerado política.

Mas Caetano Veloso também dá espaço à alegria. É desse período um dos álbuns mais alegres e solares de toda a sua produção. *Bicho* é um dos meus álbuns-fetiche. Me salvou de enroscadas várias vezes. Sente-se nele o sol. Não um sol qualquer, mas o sol da África. Não exatamente a minha África (a Somália é no Oriente), mas uma África que eu, apesar disso, sinto próxima: a Nigéria.

Com o inseparável Gil, Caetano Veloso participou de um festival em Lagos, e a sua visão do mundo, após isso, nunca foi mais a mesma. Claro que a África não lhe era absolutamente estranha. Ele vem da Bahia, o estado mais africano do Brasil, mas a sua África era uma África sincrética, mestiça, forjada pela rota dos escravos. Em Lagos, porém, Caetano viu algo diferente. Uma África cheia de problemas, mas pronta para abraçar o futuro. Uma África que sabia sorrir, apesar das adversidades. Além disso, naqueles anos, fazia-se uma música nada má no continente.

Fela Kuti contagiou a muitos, mas Caetano, além de imergir no *afrobeat*, descobriu a música Juju, que deriva das antigas percussões iorubá. Uma música ritmada e cheia de energia, é essa carga que carrega *Bicho*, sobretudo a faixa "Two naira fifty kobo", que Caetano retomará com um novo arranjo em seu álbum dedicado aos escravos, *Noites do norte*, de 2002, que também fará parte de sua turnê. Em *Bicho,* não há apenas a África e sua energia, mas também o Brasil mais profundo e escondido, a floresta amazônica que marca uma presença fugaz com "Um índio". Há ali o mítico (como em "A tua presença morena") e há também o sagrado. A canção, na verdade, já tinha surgido na turnê com os *Doces Bárbaros* (de quem falarei em breve), e é uma das homenagens mais tocantes às raízes do seu país:

Um índio descerá
De uma estrela colorida, brilhante.

Como um extraterrestre bom, nos observa e nos julga. Caetano canta o seu amor por aquela criatura vinda do céu, seu respeito pelos índios do seu país. Não por acaso, canta:

Depois de exterminada a última nação indígena
E o espírito dos pássaros das fontes de água límpida
[...] *Surpreenderá a todos não por ser exótico*
Mas pelo fato de poder ter sempre estado oculto
Quando terá sido o óbvio

"Um índio" coloca um pouco de engajamento no álbum *Bicho*.

Não muito, pois nesse álbum há toda a corporalidade e sensualidade de um artista que está em erupção como um vulcão, uma corporalidade que nos leva, literalmente, para a pista de dança de uma discoteca, e não por acaso: a *Dancing Days*. O gerente Nelson Motta transformou o lugar numa lenda das noites cariocas em que era possível encontrar atletas, intelectuais e compositores. Caetano Veloso foi prontamente repreendido por frequentar aquele lugar pouco engajado e a crítica colocou-o na alça de mira, mas por sorte ele não dava ouvidos a fofocas.

Na *Dancing Days*, dançava-se para esquecer as misérias e para festejar a vida. Não por acaso, *Bicho* tem algo de *disco music*. Fica claro com a canção que abre o LP, "Odara", que o teclado eletrônico e o *funk* aceso da guitarra, nos faz mover os pés quase que automaticamente. Essa veia *dance* é explicitada pelo autor em "Tigresa".

Muito se debateu quem seria a musa inspiradora da canção. A *vulgata* mais credenciada identifica-a com a atriz Sônia Braga, conhecida na Itália pela série de aparições em novelas de sucesso como *Dancin' Days* e *Força de um Desejo*. Sônia Braga era a mais solta na pista, era difícil que passasse despercebida, e a descrição cai como uma luva:

Uma tigresa de unhas
Negras e íris cor de mel
Uma mulher, uma beleza
Que me aconteceu
Esfregando a pele de ouro marrom
Do seu corpo contra o meu
Me falou que o mal é bom e o bem cruel.

Quando Caetano canta essa música, até parece que vemos Sônia.

Numa entrevista recente, porém, disse-se que talvez a musa fosse outra atriz brasileira, também conhecida pelas novelas (que como vocês já sabem, no Brasil, são coisa muito séria), Zezé Motta. Ela também parece corresponder ao retrato falado. Ela também tem uma cor de pele escura, ainda mais escura do que a de Sônia Braga e um jeito de tigre. Quem sabe? Nós, fãs, tateamos no escuro. Só sei que essa é uma música altamente erótica, talvez a canção mais erótica que já ouvi na minha vida. No fundo, quando ouvimos essa música, nem importa saber para quem foi dedicada; "Tigresa" está ali, diante de nós, com a sua sensualidade, a sua história, os homens que a usaram e que a amaram.

Ele parece correr para o violão porque não consegue ficar sem cantar a alegria imensa daquele momento em que se vê ao lado dela. É uma canção compacta, simples, vivida. Às vezes, e isso é o pensamento de uma fã, acho que a "Tigresa" pode ser o próprio Caetano. Um homem que se recriou das suas cinzas como a fênix árabe. Sabe-se lá onde está a verdade. Mas é tão importante assim saber? Talvez seja mais importante a música que ele nos deu. No entanto, se se fala de tigre, não pode faltar também o leão, aliás, "O Leãozinho". Uma das canções mais conhecidas até mesmo entre os não velosianos. Por muito tempo, se acreditou que aquele leãozinho fosse Moreno Veloso, o filho, mas a canção é dedicada ao baixista Sabidade (Dadi Carvalho). Em *Joia* e *Qualquer Coisa*, há muito da aventura em que Caetano embarcou com os companheiros de sempre: a irmã Maria Bethânia e os amigos Gilberto Gil e Gal Costa.

Tudo começou graças a um sonho.

"Sonhei...", disse Bethânia para Caetano, e, no sonho, eles estavam de novo reunidos, os quatro, como os três mosqueteiros mais D'Artagnan, percorrendo as fervilhantes e majestosas estradas do país. O Brasil estava aos seus pés, só tinham que abraçá-lo com aquelas vozes de veludo. Era um belo sonho e havia nele uma decisão categórica. Bethânia tinha aquele caráter "impressionante" que emocionava tanto o irmão. Bethânia era imponente e, graças à arte (música e teatro), tinha também adquirido uma aura quase mística. Não deixava ninguém indiferente. Sua voz era tão impetuosa e candente que era impossível não parar para ouvi-la; ela era mais rouca do que a voz de Caetano e vinha direto das entranhas da terra. Porém, os dois irmãos tinham aquela constituição de ternura que dava ao seu canto uma tonalidade de esplendor. Isso tudo é para dizer que, quando Bethânia decidia, os outros, como uma boa turma, tinham que obedecer. E era belo obedecer a ela.

Gilberto Gil e Gal Costa aceitaram a proposta dos irmãos com grande entusiasmo. Era uma espécie de *revival* tropicalista, em 1976, que retomava o discurso que nunca tinha se interrompido. A época do Tropicalismo acabara, é claro, mas não a força propulsora que havia, em parte, mudado a consciência do país e, em especial, a dos seus protagonistas.

É, em certa medida, como *A Bússola de Ouro*,[18] o primeiro volume da trilogia juvenil *Fronteiras do Universo*,[19]

18 Título brasileiro do primeiro da série de romances de fantasia *Northern Lights*, do escritor inglês Philip Pullman. [N. T.]

19 Título brasileiro da série literária *His Dark Materials*, do gênero de fantasia e ficção, escrita pelo autor britânico Philip Pullman, e que compreende uma trilogia inicial formada pelos livros *A Bússola de Ouro* (1995), *A Faca Sutil* (1997) e *A Luneta Âmbar* (2000). [N. T.]

em que cada homem vive ao lado do próprio *daimon*, um animal que personifica sua alma ou algum aspecto importante da sua personalidade. O Tropicalismo era um pouco o *daimon* dos nossos quatro mosqueteiros. Em menos de duas semanas, organizaram um repertório e partiram para a turnê. A intenção era viver o outro como uma banda musical, não como indivíduos que se juntaram para um projeto, uma banda que deveria ter características bem específicas ligadas à brasilidade e ao regionalismo. Tinham, de certa forma, que parecer folclóricos sem sê-lo. Todos já tinham cerca de dez anos de carreira nas costas e grandes lembranças, mas isso não podia confundi-los ou, pior, enrijecê-los. Tinham que se comportar como se a vida estivesse começando naquele instante. O nome *Doces Bárbaros* foi ideia de Caetano, é claro, e dava a ideia de um grupo apontado como bárbaros pelos cidadãos de bem, mas que na verdade só eram doces, doces como a música. Foram ótimos em transformar a turnê numa autocelebração. Teria sido fácil viver de recordações e autocongratular-se; porém, eles eram imunes ao narcisismo militante.

Não queriam permanecer ancorados no passado, queriam brincar, se divertir, fazer sonhar e, por que não, fazer política? Acentuar o pertencimento mestiço de um Brasil que se via branco e burguês já era política. E depois, ainda que em medida menor do que o Tropicalismo, também tiveram problemas com o Estado durante a turnê dos *Doces Bárbaros*. Eram sempre perseguidos e Gilberto Gil foi até mesmo preso em Florianópolis por porte de maconha. Foi uma turnê nada nostálgica. Os quatro não tinham a intenção de lamuriar sobre si mesmos, pois eram jovens e tinham uma vida de música diante de si. Sua intenção era be-

ber aquela vida que se apresentava tão ferozmente esplêndida. Como eu teria adorado me enfiar nos bastidores daquela turnê, nos camarins, para roubar (e depois devolver, vejam bem, sou uma pessoa honesta) algum figurino.

De fato, os quatro se vestiam de maneira exageradamente excêntrica. Queriam tanto incorporar a natureza que chegaram a idealizar um figurino em que uma sainha de palha havaiana se mesclava com um uniforme de plástico ao estilo de ficção científica. O macacão colado e branco de Gilberto Gil, com as orelhas de monstro engraçado das galáxias, uma espécie de palhaço venusiano, virou um clássico. Eram, ao mesmo tempo, ridículos e magníficos. Com aquela *mise-en-scène* tão incomum, conseguiam transportar os espectadores a um Brasil dominado por tucanos, papagaios e iguanas. Um panorama em que a cor era apenas uma nuance de um coração pulsante. O macacão de Gil permanece inenarrável, quase imbatível, mas Caetano também não estava de brincadeira: suas calças largas estilo paquistanês, de cor amarelo-limão-siciliano, viraram uma febre. Era um grupo hippie e um tanto louco, mas que sabia fazer música excelente. Iam do rock ao estilo Beatles ao pop elétrico mais pesado, até chegar a píncaros de beleza dionisíaca em que o Tropicalismo se transformava quase num *acid jazz* com tempero amazônico. A turnê também resultou num filme dirigido por Jom Tob Azulay que nos permite, ainda hoje, respirar aquela atmosfera de harmonia e alegria louca que animava os quatro mosqueteiros brasileiros. Sem esse musical desenfreado e itinerante, não entenderíamos de fato a mudança natural de Caetano em *Joia* e aquele abandonar-se ao fluxo de consciência em *Qualquer Coisa*. Em Caetano, tudo se junta, tudo faz sentido.

Passam diante dos meus olhos as capas dos álbuns desse período. As imagens me catapultam como uma onda benévola. Uma borboleta cheia de sol atinge meu rosto em *Bicho*. Caetano é quem faz todos os desenhos que ilustram esse álbum. Até porque, quando pequeno, ele sempre se viu como pintor, não como músico, e aquela arte adormecida finalmente emergiu. Em *Qualquer Coisa*, há o seu rosto desenhado de perfil num branco e preto sóbrio. Veste o casaco de pele que o acompanhou muitas vezes nos dias tristes do exílio londrino e os seus cachos sempre mais armados, um mar de cachos que ele carrega na cabeça como um troféu ou uma auréola laica de esplendor. Aqueles cachos voltam em *Cinema Transcendental*, mas não se trata de um desenho. Temos aqui uma foto sua de costas enquanto toma sol numa praia linda e tropical. Vemos a praia, o sol, a areia e talvez a paz daquele momento. A foto foi tirada na praia, ou talvez não, como também a foto de *Cores, Nomes*, na qual ele está de perfil com um belo chapéu e um ar tenebroso, ou apenas reflexivo. Com *Muito*, entramos num mundo inesperado, todo azul. Caetano está deitado, como quando era criança, nos joelhos de Dona Canô, e ela o acolhe, como toda mãe, com aquele sorriso e com aquele contato. Ele está em paz. Um colar de miçanga contorna seu pescoço e sua orelha está em primeiro plano. Uma orelha que a fotografia torna enorme.

Um ouvido musical, que capta todos os sons. Graças àquele ouvido, Caetano ouve o mundo e a sua alma. Em *Outras Palavras*, veste uma regata rosa. Olha para a objetiva com um ar malandro e brincalhão. Os cabelos cacheados parecem ainda mais encaracolados, talvez recém-saído de um banho de mar. Apoia uma mão na boca e nos olha. Em *Uns*, recupera uma antiga foto da família. A foto é em preto e branco e retrata Caetano criança com os irmãos Roberto e Rodrigo.

Trata-se de álbuns fundamentais não apenas na discografia pessoal do cantor, mas também para a música popular brasileira como um todo. Em cada álbum, cada um com uma visão de mundo peculiar, há Caetano Veloso em toda a sua potência. Como se tudo aquilo que nele se agitava – do rock ao Tropicalismo, passando pelos velhos sambas cantados com a mãe na varanda da casa em Santo Amaro da Purificação – encontrasse seu sentido mais pleno. Caetano Veloso faz, em certa medida, o que muitos escritores tentaram fazer com os seus romances: reescrevê-los. E não apenas uma vez, mas de forma obsessiva e absoluta por quase toda a vida, visando enfocar o que não conseguia centrar na primeira versão. A reescrita se torna, assim, a única forma que tem de se comunicar com o mundo. Caetano também reescreve a si mesmo. Precisa encontrar o fio da meada e deixar decantar o seu passado, que vai de João Gilberto a Paul McCartney, de Bob Dylan a Antônio Carlos Jobim, misturando tudo até criar um novo Caetano a cada parto discográfico. O exemplo do parto não é rebuscado, é como se ele nascesse toda vez de si mesmo, como se aquele material que guarda dentro do crânio quisesse surgir sempre sob uma nova luz. É um momento de intensa pesquisa musical. Caetano experimenta sons, ruídos, sensações, tudo para chegar à perfeição musical que ele também espera, talvez, não encontrar. O percurso e a tentativa são o escopo dessa pesquisa em que Caetano se empenha por completo.

Caetano não se poupa.

Nesse período fecundo e sereno, surgem algumas pérolas, músicas destinadas a perdurarem no tempo, autênticos *long sellers* que, não por acaso, se tornaram sucessos também do seu repertório ao vivo. Canções como "Beleza pura", "Lua de São Jorge", "Queixa", "Trem das cores", "Ele me deu um beijo na boca", "Menino do Rio", "Terra", "Sampa".

E, claro, "Cajuína".

Para entender essa canção, é preciso dar um pulo para trás, voltar ao biênio tropicalista, 1967-68, que transformou e criou toda uma geração de artistas. Aquela temporada cultural atraiu muitíssimos jovens com a sua luz de esperança e modernidade. De várias partes do país e de todas as artes, se aproximaram jovens para fazer parte daquela revolução cultural. Entre eles estava também Torquato Neto, um jovem sonhador, um tanto frágil e com um talento incrível com as palavras. Torquato era um poeta e logo a sua trajetória cruzou, quase naturalmente, a de Caetano, Gilberto Gil, Edu Lobo e dos tropicalistas. Foi o letrista de canções fundamentais daquele período, de "Deus vos salve esta casa santa" a "Marginália" e "Mamãe coragem". Era também um grande amigo de Chico Buarque. Por algum tempo, os dois foram inseparáveis. Mas a ditadura era um obstáculo e a censura o atingia ferozmente. Continuava escrevendo, claro, conciliando cada vez mais a sua atividade de poeta com a de jornalista cultural. Aquele clima de suspeita, medo e censura que se instaurara no Brasil não favorecia o jovem sonhador. Muitas desilusões nas costas, muitas traições reais e presumidas. A depressão o estava devorando vivo e o álcool havia se tornado um companheiro difícil de lidar. Torquato entrava e saía de períodos de desintoxicação, fechando-se cada vez mais dentro de si, afastando-se de vários amigos do passado. Suicidou-se no dia 10 de novembro de 1972, envenenando-se com gás. O homem conhecido como o "anjo torto" do movimento tropicalista morreu com apenas 28 anos.

Em várias entrevistas, Caetano Veloso contou que não conseguiu chorar quando lhe deram a notícia da morte de Torquato Neto.

Era o dia de um show no Teatro Castro Alves, o primeiro show com Chico Buarque após o exílio. Não havia mais se encontrado com Torquato, seus caminhos não se cruzaram mais. Caetano vivia na Bahia e Torquato no Rio. Em *Verdade Tropical*, Caetano escreve claramente que a relação entre eles havia esfriado; queria ter-lhe dito, por exemplo, que de forma alguma concordava com sua diatribe contra o Cinema Novo, mas não houve tempo para que se encontrassem e divergissem sobre o que quer que fosse. Caetano, em várias ocasiões, confessou a impotência que o surpreendeu logo após saber da morte do amigo. Naquele momento, externar os próprios sentimentos era muito difícil, quase impossível para ele. Era como se uma dureza jamais antes experimentada tivesse preenchido a sua alma. Na noite em que soube da notícia do suicídio de Torquato, conversou sobre isso com Chico, no camarim. Caetano não derramou sequer uma lágrima.

Mas a vida, como se sabe, quase sempre nos leva a enfrentar os nossos fantasmas. Aquele era um distanciamento grande demais para resistir por muito tempo. De alguma forma, a dor não expressada havia de extravasar. E extravasou alguns anos depois. Caetano estava em turnê com o álbum *Muito* e uma das etapas era Teresina, a capital do estado do Piauí, onde ainda moravam os pais de Torquato. O pai do amigo falecido, Dr. Heli, convidou-o para sua casa e os dois conversaram bastante. Em casa, só havia os dois, a esposa do Dr. Heli estava no hospital pois havia passado por uma pequena cirurgia. Foi então que Caetano chorou todas suas lágrimas. Chorava sem parar. Um choro absoluto, tremendo. Dr. Heli era um homem de gestos delicados, um homem tranquilo que tinha sofrido muito e que entendia a dor daquele jovem amigo de seu filho. Deixou-o chorar o tempo que foi necessário. Para aliviar o pesar dele, fez duas coisas. Ofereceu-lhe uma cajuína, bebida não alcoólica de caju. E, enquanto Caetano bebia sem conseguir segurar a torrente das lágrimas, Dr. Heli colheu uma rosa do seu jardim para ele. Esses elementos, a rosa, a cajuína, a morte do amigo, entraram todos na canção que Caetano escreveu naquela mesma noite, quase de uma vez só, no hotel de Teresina. "Cajuína" é uma das canções mais hipnóticas e ritualísticas a respeito dos gestos simples da vida, aqueles que conseguem trazer um sentido à intraduzibilidade da alma humana.

Uma canção melancólica, acompanhada por uma doce sanfona nordestina. Uma atmosfera rarefeita que me lembrou alguns filmes de Antonioni como *O Eclipse*. Há, tanto no filme de Antonioni como na canção, a mesma vontade de abraçar o desconhecido, o mesmo mistério. Por isso, é difícil que uma canção como essa nos deixe indiferentes. E não é necessário nem conhecer os detalhes biográficos de Caetano para entender aquele sentimento que dilacera a alma. A rosa catalisa uma dor que sentimos como se fosse nossa. Sempre considerei "Cajuína" um verdadeiro milagre musical. Há canções — como *Yesterday*, dos Beatles — que sempre acendem a faísca do divino. "Cajuína" é uma delas.

Contudo, os álbuns que vão de *Muito* a *Uns* marcam um período de verdadeiro estado de graça para Caetano, período no qual criatividade e serenidade caminham juntas de um jeito esplêndido. Não por acaso, essa mesma fase também está ligada à colaboração com *A Outra Banda da Terra*, um grupo caracterizado pela ductilidade e pela capacidade de adentrar no som de Caetano sem solavancos e maravilhas falsas. Eles eram secos e, ao mesmo tempo, imaginativos, ideais para exaltar os dotes canoros de Caetano Veloso. *A Outra Banda da Terra* era muito engajada, mas não se recusava à possibilidade da leveza, à vontade de surpreender, divertir-se e fazer boa música. O núcleo inicial do grupo era formado por Tomás Improta, Perinho Santana, Arnaldo Brandão e, principalmente, pelo adepto da neo-bossa nova Vinícius Cantuária, que colaborou com muitos outros grandes nomes da música, entre eles Brad Mehldau, Laurie Anderson e Brian Eno.

Caetano Veloso sempre colocou a amizade e a família no centro de sua vida. Suas obras, mesmo explorando galáxias musicais por vezes muito distantes, podem quase sempre ser rastreadas até Santo Amaro da Purificação ou ao núcleo dos seus afetos mais caros. Conhecia muito bem todos os integrantes de *A Outra Banda da Terra*, não era uma mera colaboração profissional. Só assim explica-se o som fresco e limpo dos cinco LPS que conseguiram fazer juntos. *Uns* está entre os discos preferidos de Caetano, um disco considerado por ele plenamente maduro.

Ele semeou muito para chegar àquela perfeição de elementos musicais e de conteúdo.

Os afetos estão no centro de tudo. O afeto pelo seu povo, pela família e pela música. Se vemos na capa do

LP uma foto de Caetano adolescente com os irmãos mais velhos, na contracapa há ele fotografado com os pais e com a esposa Dedé. Dois casais, o amor, os afetos mais caros. *Uns* conjuga ritmo e loucura, romantismo e filosofia. Aqui, Caetano apresenta a dulcíssima "Você é linda", que sempre me deu a sensação de quanto o amor pode ser feliz, mesmo na contemplação. Com aquela voz que nos cinge num abraço terno que anula os nossos medos. Ao ouvi-lo cantar, confiamos nele e sabemos que o sentimento que Caetano Veloso celebra de forma tão doce é tão somente o amor do qual, por muito tempo, tivemos medo. É como se Caetano dissesse: "Não é preciso estratégia alguma, abandona-te, deixa-te ninar pelo amor".

A coisa bonita é que – comigo acontece isso – você realmente se abandona. E isso também acontece em uma canção totalmente oposta como "Peter Gast", na qual Caetano funde Nietzsche, Wagner, a filosofia, a história, a morte; de fato, até em "Peter Gast" o nosso ouvido e a nossa alma sentem-se ninados.

Não faz muito tempo, eu me deparei com uma notícia bem curiosa sobre essa canção. Uma cantora argentina chamada Silvina Garré, durante um programa de tevê do qual Caetano era convidado, cantou "Você é linda". No final da interpretação, o compositor comoveu-se e chorou, e como se não fosse o bastante, dedicou à cantora seu livro *Verdade Tropical*.

Quando li a notícia, no *Clarín*, no *Página/12* ou noutro jornal argentino, pensei: "Talvez isso seja a beatitude". Porque uma coisa que talvez Caetano intua – mas que nós admiradores/adoradores sabemos como uma certeza matemática – é a nossa voz sempre desafinada quando cantamos suas canções. Não é que *desafinemos* artisticamente, é que realmente somos desafinados, não todos, mas muitos de nós velosomaníacos somos realmente uma negação. Não creio que a nossa voz comovesse Caetano. Às vezes, não comove sequer o gato da vizinha, que fica nos olhando, perplexo. Nem as paredes da minha casa se comoveriam, mas o legal é que ao menos tentamos.

Iludimo-nos que:

Alguma coisa acontece no meu coração
Que só quando cruza a ipiranga
E a avenida São João.

E no final, nós também, *desafinando assim*, entendemos que:

É que Narciso acha feio
O que não é espelho.

Cantamos felizes por sermos desafinados como os sinos na noite de Natal. E, desafinando, conquistamos um pouquinho de felicidade.

As canções de Caetano Veloso mereceriam um livro só a respeito delas, para poder entender cada linha, cada som, cada intenção. Mas como estamos trilhando um caminho para entender Caetano Veloso, talvez devêssemos encontrar, cada um de nós, um caminho pessoal, único, para chegar até ele. Começando com a sua homenagem, em "Totalmente demais", à diva do fado português Amália Rodrigues, cantando aquela "Estranha forma de vida" com um sotaque de Lisboa mais anasalado do que o normal. Continuando por denunciar os males do Brasil, como em "Fora da ordem", onde Caetano é vanguarda e tradição ao mesmo tempo.

Até chegar a "Oração ao tempo", uma prece ao Tempo, uma prece absoluta, catártica, totalizante. Este poderia ser um percurso, mas há outros mil percursos possíveis. No meu caminho, por exemplo, não poderia faltar "Beleza pura". Sei que Caetano não a escreveu para mim, mas sinto que nela há a minha presença. Todo fã tem a ilusão de ler um pouco de si mesmo, da sua essência infinitesimal, numa canção. E eu vejo a minha essência em "Beleza pura".

Uma canção que descreve uma mulher negra que penteia seus cabelos encaracolados. Eu, que decidi manter a minha juba natural, encaracolada, sem usar produtos para alisá-las, sei bem como é isso. Decidi viver, como diz a minha amiga Evelyn, fundadora do site *Nappy Girl*, um site para afro-italianas e seus cabelos, como uma afro-feliz, uma verdadeira *Nappy*. E se houvesse um hino para nós que decidimos ser afro-felizes, esse hino bem que poderia ser "Beleza pura".

Mas são tantas as canções. Eu nunca conseguiria escolher uma entre todas as do repertório dele. Pois, ao cantar Gardel, ele me despedaça o coração e, quando canta Jorge Ben Jor, me faz dançar na pista. Há um Caetano para cada um, para cada momento, para cada instante e cada fase da nossa vida.

Da mesma forma, é quase impossível percorrer a vida dele por inteiro. Há tantas coisas que não consigo contar em detalhes. Como quando acompanhou Roberto D'Ávila (no programa *Conexão Internacional* da TV Manchete) para entrevistar Mick Jagger, ou a sua longa e fecunda colaboração com Jaques Morelenbaum (essa parceria também merece um livro à parte), coroada por um dos seus melhores shows e disco ao vivo, *Circuladô Vivo*.

Eu também deveria lhes contar a respeito de Dedé e de Paula Lavigne, suas esposas, falar de seus filhos:

Moreno, Tom, Zé e do quanto ele os ama. Talvez deveria falar mais das suas parcerias com Gal Costa. Contei um pouco nesse livro sobre Gilberto Gil e Chico Buarque, mas é para a voz de Gal que ele compôs suas canções mais bonitas, para Gal e para Maria Bethânia, é claro. Também seria importante explicar como mudou a sua forma de produzir música: se, nas décadas de 1960 e 1970, o estúdio de gravação era uma grande e imensa festa, na qual todo mundo entrava e saía como bem entendia, às vezes com um sanduíche ou uma taça de champanhe, lá pelo final da década de 1980 tudo ficou profissional, mais limpo, mais cirúrgico. Eu acrescentaria também que Caetano não era o clássico compositor das paradas de sucesso.

Alguns dos seus álbuns mais bonitos apresentaram cifras catastróficas no que se refere a vendas. Se *Araçá Azul* foi retirado do mercado, *Muito* tampouco foi compreendido, tendo vendido somente trinta mil discos. Ele não era como Chico Buarque ou a irmã Bethânia, que atingiam números estonteantes, de seiscentos mil discos para cima. Entretanto, *Cinema Transcendental*, que tocou bastante nas rádios, e também *Outras Palavras*, com uma vendagem de cem mil cópias, fizeram a diferença.

Eu poderia contar sobre suas homenagens obscuras a rumbeiros latino-americanos e à exaltação dos sambas que ele ouvia quando criança no rádio, dos Beatles, presença constante, mas também de Nat King Cole, da sua vontade de se comunicar mesmo através da escrita em suas crônicas na *Folha de São Paulo*. Haveria ainda mil coisas para dizer sobre ele. Mas esse é um livro-guia, não uma biografia. Aqui, o que conta é só a música. Só a música é o que dá sentido.

6

CINEMA

No final do Caminho, quero falar de cinema. Porque, talvez, sem o cinema, não teria existido Caetano Veloso.

O cinema, principalmente o francês e italiano, deu ao jovem Caetano Veloso fortes emoções. Adorava Giulietta Masina e Federico Fellini. Sentia-se próximo daqueles dois italianos que nunca conheceu, porque compartilhava com eles um panorama infinito de emoções e visões. *La Strada* e *Le Notti di Cabiria* estão entre os filmes mais assistidos por Caetano em sua adolescência. Ainda hoje, consegue citar de cor sequências inteiras. Vivia cada fotograma como uma sequência da sua própria vida. Em certa medida, como Mia Farrow em *A Rosa Púrpura do Cairo*, de Woody Allen, Caetano Veloso também ultrapassava a tela e entrava no coração, na carne daquelas personagens. No seu panteão extraordinário, onde ao menos nove de dez atrizes o faziam chorar, a rainha era ela: Giulietta. A frágil, a forte, a insuperável Giulietta. Saltimbanco ou prostituta, essencial ou barroca, Giulietta fazia-o sonhar. Era intensa. Era feita de celuloide. E Caetano não conseguia não admirá-la. Não amá-la.

Uma das canções mais lindas já escritas para uma diva do cinema foi composta por Caetano Veloso para Giulietta Masina:

Pálpebras de neblina, pele d'alma
Lágrimas negra tinta
Lua, lua, lua
Giulietta Masina
Ah, puta de uma outra esquina
Ah, minha vida sozinha
Ah, tela de luz puríssima
(Existirmos a que será que se destina)

Ah, Giulietta Masina
Ah, vídeo de uma outra luz
Pálpebras de neblina, pele d'alma
Giulietta Masina
Aquela cara é o coração de Jesus.

Uma canção que começa com uma fala de um filme de Fellini, "*Che luce strana!*" ("Que luz estranha!"). E, ao casal vinte do cinema italiano, ele dedicou também um show em San Marino, em 1997. Emocionado, Caetano Veloso apresentou-se, diante de um público em êxtase. Ele, que nem estava muito contente com aquele show, por não sentir que a sua voz estivesse à altura daquele desafio. Na verdade, o público apreciou muito, mas o álbum só saiu dois anos mais tarde, com um título simples e sugestivo, como de costume.

Ele amava tanto o cinema que até tentou fazer um filme. Ser diretor, afinal das contas, era um dos ofícios que ele poderia ter exercido, pois sempre disse aos amigos que estava destinado à pintura ou ao cinema. Na verdade, sua verdadeira vocação nunca lhe deu trégua; a música, como se sabe, é uma amante ciumenta. Mas o vírus do cinema, pode-se dizer, nunca o abandonou completamente. Há algumas canções suas, e aqui penso principalmente em "Cajuína" ou *Tigresa*, que são fortemente cinematográficas. A influência é clara e manifesta. Além do mais, Caetano Veloso também fez uma experimentação cinematográfica com *O Cinema Falado*, que pode ser considerado um equivalente à experiência musical de *Araçá Azul*: um filme experimental, feito quase só com imagens, sem um enredo preciso, mas com a possibilidade de escavar cada gesto. Um filme, sim, mas também uma instalação visual.

Algo na linha da arte surrealista. *O Cinema Falado*, porém, não agradou a ninguém, nem à crítica e nem ao público, e deixou Caetano bem desiludido com as suas capacidades de diretor. Hoje em dia, o filme foi reconsiderado, mas de qualquer forma, faz parte do caráter de Caetano ser curioso e arriscar-se. Para ele, a tentativa vale quase mais do que o resultado. *O Cinema Falado* era uma tentativa, uma exploração pessoal num âmbito que ele amava profundamente. Durante a sua carreira, também fez algumas pontas em filmes de amigos diretores. Participou de uma cena no filme *Onda Nova*, de José Antônio Garcia e Ícaro Martins, uma colagem surrealista sobre a juventude de São Paulo, na qual assistimos Caetano fazer chacota do *star system*, ao encenar um divo cheio de si e endinheirado. Ele pega um táxi com uma garota e os dois começam a se beijar. A taxista, que o reconheceu, espia pelo retrovisor. E o que era um jogo entre dois torna-se um estranho jogo a três, feito de olhares, gemidos, cumplicidade. Não é realmente uma cena de sexo, estão todos vestidos e simulam algo que não é. Mas é divertido, pelo menos para nós, fãs, vê-lo assim, num papel inédito.

Também participa de *Tabu*, de Júlio Eduardo Bressane de Azevedo, em que aparece com os cabelos para trás, com gel, cantando numa bela casa burguesa. Tudo cheira a século XX, o século que, nos filmes, está por começar. Caetano parece um dândi da *Belle Époque*. É muito elegante, distinto. Certamente, porém, sua aparição mais famosa é em *Fale com Ela*.

Pedro Almodóvar confessou várias vezes que, ao escrever sobre o jovem enfermeiro que se apaixona por uma garota em coma, ouvia Caetano Veloso e chorava. Não conseguia parar de ouvi-lo. Era quase como se, sem a música de Caetano, as palavras não conseguissem sair de sua caneta. Naquele momento, pensou que Caetano deveria aparecer no filme, assim como outra musa inspiradora, Pina Bausch.

Eis que vemos um Caetano que arranca a alma do peito enquanto canta *Cucurucucu Paloma* diante de um público absorto e extasiado. Ao seu lado, o fiel Jacques Morelenbaum. E é nessa cena que o ator Darío Gradinetti tem uma tirada que eu sinto absolutamente como minha: "*Este Caetano me pone los pelos de punta*". É uma frase quase intraduzível: esse Caetano me arrepia, me emociona tanto que fico com os pelos eriçados, esse "*los pelos de punta*" nos diz algo a mais sobre o nosso sentimento diante dessa personagem imensa. Ele é grande porque sabe ser nós, as nossas emoções, as nossas desilusões. Nos conhece. É o nosso melhor amigo. Eis porque, na década de 1990, esse homem torna-se finalmente um fenômeno global. E foi ótimo que o mundo não o descobriu cedo demais e nem lhe impôs as regras do *star system*. Gostamos de Caetano porque, no fundo, ele tem orgulho de pertencer à cultura brasileira, sabe que, talvez, sem a sua terra, seria um zé-ninguém. Ele é Santo Amaro da Purificação, é Salvador, é Rio de Janeiro. Mas é também o mundo. E sabe que seu sucesso depende disso.

Meu caminho, desorganizado, pessoal e incompleto, chegou ao fim. Mas eu gostaria de continuar, nunca me canso de falar de Caetano Veloso. Por exemplo, nem cheguei a dizer como Caetano é meticuloso com a língua portuguesa. Não suporta erros grosseiros. É famosa a sua explicação, que pode ser encontrada no YouTube, sobre o uso da crase em português.

Afinal de contas, ele é um poeta, preocupa-se com a sua seiva. Na canção "Língua", não por acaso, ele diz: "Gosto de sentir minha língua roçar a língua de Luís de Camões", e então acrescenta: "A minha pátria é a minha língua, a língua é a minha pátria". "Minha pátria é minha língua" é uma frase de um texto de Fernando Pessoa assinada pelo heterônimo Bernardo Soares no *Livro do Desassossego*.

Como Dante, Pessoa também não via uma pátria feita de rochas, fronteiras, paisagens. Claro, há isso também, mas era a língua que une e cria identidade. E essa identidade, Caetano parece dizer, é uma identidade feminina, porque a língua é mãe. Portanto, para Caetano, faz mais sentido falar de mátria do que de pátria. Ou talvez de algo que esteja no meio. Uma língua e um país que ele sente próximos como seus irmãos e irmãs: "Eu não tenho pátria, tenho mátria/ E quero frátria".

Uma língua que tem várias faces, como o Brasil.

Caetano não faria sentido em nenhuma outra língua. Mesmo quando canta em inglês, em espanhol ou italiano (sua versão de "Come prima", de Tony Dallara, é incrível!), podemos decifrar a trama subjacente do português, língua melodiosa, mas também dura. Uma filha do latim que atravessou os oceanos e se casou com a África e com a Amazônia. Uma língua recipiente de mundos distantes. Uma língua-viagem, uma língua-ponte, uma língua capaz de "caetanear" os nossos sentimentos. Ai, como gosto do verbo *caetanear*, uma homenagem do cantor e compositor Djavan ao amigo Caetano Veloso. Em sua canção "Sina" (uma das canções brasileiras com maior número de versões feitas no mundo, das quais relembramos aqui a versão já clássica do Manhattan Transfer), Djavan diz que devemos *caetanear*, que significa atrair para nós tudo o que há de bom no mundo. Porque *caetanear* significa aproximar-se do bem, da beatitude, da nossa própria alma.

E agora que contei tudo isso a vocês, eu gostaria de "correr até um instrumento", como Caetano Veloso diz em "Tigresa". Gostaria de cantar com vocês. Não uma canção qualquer, mas "A luz de Tieta", com a qual Caetano costuma encerrar seus shows. "A luz de Tieta" é uma homenagem ao cinema e à literatura. Essa Tieta é Tieta do Agreste, uma das personagens mais belas criadas pela caneta de Jorge Amado. Guerreira e prostituta, doce e amarga ao mesmo tempo. Jorge Amado é sempre uma explosão de cores e diálogos surreais. É a Bahia em toda a sua pujança. Quando decidiram fazer o filme baseado nesse romance, o diretor Carlos Diegues pensou logo em Caetano Veloso, porque Caetano também é a Bahia em toda sua pujança. A trilha sonora do filme torna-se, então, uma espécie de reflexão sobre as raízes e sobre a trajetória. Um enorme carnaval em que o homem de mil saídas e mil caminhos dança a beleza de se estar vivo.

Quando ouço-o cantar ao vivo "A luz de Tieta", sei que Caetano está se despedindo. Que o show está acabando. E então, junto à alegria jocosa da canção, me sinto também tomada por um pouco de tristeza. Quando vamos a um show de Caetano, queremos que nunca acabe. Mas depois vem outro show, um CD que podemos ouvir ao voltarmos para casa de carro, as inúmeras entrevistas para ler. Caetano Veloso está sempre conosco. Porque como um amigo, o nosso melhor amigo, ele nos conhece e consola. E então a tristeza se esvai. E fica só a alegria de estarmos vivos e conhecermos a música de um dos maiores compositores da nossa era.

Agora que contei, do meu jeito, a história dele entrelaçada à minha, à de vocês, agora que contei essa história, só vou pedir um favor. Peço especialmente aos donos de lojas de disco ou de sites de música. Não coloquem Caetano Veloso na divisão de jazz. Claro, há sempre um pouco de jazz no seu repertório. Mas ele está além dos gêneros, além das classificações.

É simplesmente Caetano.

Ceci n’est pas une biographie. *São só palavras. Vírgulas. Pontos. São seus olhos que leem. Um punhado de canções. Anotações. Vida.*

7

DISCOGRAFIA

Por onde começar a ouvir Caetano Veloso?
Eu poderia sugerir mil percursos. Um completamente baiano, outro tropicalista, um psicodélico, outro engajado. Um percurso dedicado às cidades, outro às mulheres, outro aos filmes mais amados. Há um Caetano para cada estação e para cada gosto.

Cada um tem seu próprio Caetano. Seu próprio caminho.

Porém, se quiserem explorar a discografia imensa desse autor de um ponto de vista absolutamente original, sugiro começar com as versões autorais. Caetano Veloso é uma daquelas raras pessoas que sabem abordar obras-primas compostas e cantadas por outros autores de forma respeitosa, curiosa e cuidadosa. Sua interpretação original nos faz descobrir mundos e universos que sequer imaginávamos que pudessem existir. Eu, por exemplo, conheci Gardel graças a Caetano Veloso, e poderia dizer o mesmo a respeito dos sambas dos anos de 1950, que eu nem suspeitava que existissem. Caetano não é apenas um gênio da música, é também um mediador cultural nato.

O próprio Caetano Veloso explica a sua filosofia da homenagem autoral num dos seus shows, exatamente na metade da execução da canção de Peninha, "Sozinho", uma versão autoral. Caetano ouvira a canção, por acaso, interpretada por Sandra de Sá, e achou-a esplêndida. Jurou a si mesmo que cantaria aquela música no seu próximo show. Ele gostava demais de "Sozinho", sentia-se aceso, deslumbrava-o, literalmente, por completo. Depois, de novo por acaso, ouviu a interpretação do grande Tim Maia no rádio. Aí quase desmaiou. A voz de barítono de Tim Maia parecia ter sido feita para aquela canção. Talvez sua versão fosse supérflua. Mas a canção já havia entrado em seu peito. Então, o que fazer? Estava obcecado. Como sair daquela sinuca de bico? Por um lado, queria deixar aquela ideia de lado, por outro, não resistia ao fascínio daquele "Sozinho", que viria a tornar-se uma das melhores interpretações ao vivo de Caetano Veloso. Por fim, o artista tomou coragem e cantou-a com humildade, com amor, no seu show. Porém, fez algumas ressalvas logo de cara. Disse ao público que estava apenas mencionando a canção, citando-a, em suma. Para que, por meio de sua interpretação, o público pudesse redescobrir a bela gravação de Sandra de Sá e procurar imediatamente a versão cortante de Tim Maia.

Caetano Veloso levantou a bola para si mesmo.

Canta para si mesmo aquele outro cantor baiano, apenas pela beleza da música. Mas não esquece de mencionar os colegas. Pelo contrário, é como se a interpretação deles, além das palavras do autor original, se fundissem às suas, para tornar-se parte de um discurso musical coletivo.

Eis porque eu recomendo alguns belos e importantes *covers* autorais de Caetano Veloso. Versões em que Caetano sabe fundir a homenagem ao original.

Essa, é claro, só uma das tantas estradas possíveis que eu sugiro.

Agora, é com vocês encontrar a sua estrada neste fantástico Caminho de Caetano.

"Billie Jean", Caetano canta Michael Jackson.
"Cuesta abajo", Caetano canta Carlos Gardel.
"Estranha forma de vida", Caetano canta Amália Rodrigues.
"Jokerman", Caetano canta Bob Dylan.
"Come prima", Caetano canta Tony Dallara.
"Oceano", Caetano canta Djavan.
"Sonhos", Caetano canta Peninha.
"Carolina", Caetano canta Chico Buarque.
"Todo o amor que houver nessa vida", Caetano canta Cazuza.
"Eleanor Rigby", Caetano canta The Beatles.
"Pra que mentir?", Caetano canta Noel Rosa.
"Chega de saudade", Caetano canta João Gilberto.
"Tonada de luna llena", Caetano canta Simón Díaz.

PARA CONSULTAR A DISCOGRAFIA COMPLETA
caetanoveloso.com.br/discografia/

8

BIBLIOGRAFIA

Ivo Franchi, *Caetano Veloso*, Editori Riuniti, Roma, 2002.
Giancarlo Mei, *Canto Latino: Origine, Evoluzione e Protagonisti della Musica Popolare del Brasile*, Stampa Alternativa-Nuovi Equilibri, Roma, 2004.
Marco Molendini, *Caetano Veloso: un cantautore contromano*, Stampa Alternativa-Nuovi Equilibri, Roma, 1994.
Marco Molendini, *Caetano Veloso e Gilberto Gil: fratelli Brasile*, Stampa Alternativa-Nuovi Equilibri, Roma, 2004.
Giuseppe Vigna, *Caetano Veloso: la luna e la rosa*, Tarab edizioni, Firenze, 1995.

TEXTOS DE CAETANO VELOSO CONSULTADOS

Alegria, Alegria, Rio de Janeiro, Brasil, Pedra que Ronca, 1997.
Verdade tropical, São Paulo, Brasil, Companhia das Letras, 1997 (*Verità tropicale, musica e rivoluzione nel mio Brasile*, Feltrinelli, Milano, 2003).
Letra só, São Paulo, Brasil, Companhia das Letras, 2003.
O mundo não é chato, São Paulo, Brasil, Companhia das Letras, 2005.

Agradeço, pela ajuda e pelo apoio, a Cristina Vuerich, Daniele Petruccioli, Giorgio de Marchis, Chiara Nielsen, Paola Caridi, Queenia Pereira De Oliveira, Rino Bianchi e à minha super família.

Igiaba Scego nasceu em Roma, em 1974, em uma família de origem somali. Formada em Literatura Moderna na Universidade La Sapienza e doutora em Estudos Pós-coloniais, trabalhou como jornalista em veículos como *Il Manifesto* e *Internazionale*, além de colaborar em revistas especializadas em imigração e cultura africana.

Como autora, recebeu vários prêmios e participou de inúmeros festivais literários, entre eles, o Festival de Literatura de Mânua, que a hospedou em 2006. Dela, a Editora Nós publica também *Minha casa é onde estou* e *Caminhando contra o vento*.

Fontes STANLEY, NEUE HAAS GROTESK
Papel POLÉN SOFT 80 g/m²
Impressão IMPRENSA DA FÉ